원칙중심 K-IFRS 교육
: 개념체계 기반 접근법

원칙중심 K-IFRS 교육
: 개념체계 기반 접근법

한국회계기준원
Korea Accounting Institute
KAI

한국회계기준원 FBT 교육전문위원회

서 문

우리나라가 회계투명성을 제고하고 코리아 디스카운트 문제를 해소하기 위해 원칙중심의 국제회계기준(IFRS)을 도입한 지 올해로 5년이 되었습니다. 그동안 기업, 회계업계, 감독기관 등의 부단한 노력으로 이제는 어느 정도 K-IFRS가 우리 사회에 정착되어 가고 있다고 생각합니다.

그러나 한편으로는 IFRS 도입 취지인 우리나라의 회계투명성이 개선되었는지에 대해서는 평가가 엇갈리고 있습니다. 특히, IMD 등 국제기구로부터의 회계투명성 평가결과가 여전히 하위권에 머물고 있어 IFRS가 제대로 정착되지 못한 것이 아닌가 하는 비판적 시각이 있는 것이 사실입니다.

원칙중심 회계기준은 규칙중심 회계기준에 비해 경제적 실질을 보다 잘 반영할 수 있는 우수한 회계기준이라는 것은 잘 알려져 있습니다. 원칙중심 회계기준의 이러한 우수성은 회계기준을 적용하는 과정에서 재무제표 작성자가 경제적 실질에 대한 올바른 판단과 일관된 해석을 할 수 있는 역량이 전제되어야 합니다.

우리나라 경영자와 회계 관련자들은 그동안 규칙중심 회계기준에 오랫동안 훈련되어 왔기 때문에 원칙중심의 IFRS에 따른 판단과 해석에 많은 어려움을 겪고 있습니다. 이는 우리나라뿐만 아니라 과거 규칙중심 회계기준을 사용해 온 많은 국가들이 공통적으로 겪는 어려움입니다. 이를 해결하기 위해서는 원칙중심 회계기준에 대한 교육을 통해 사고의 패러다임을 전환하고 역량을 배양해야 합니다.

한국회계기준원은 회계담당자들이 원칙중심 회계마인드를 갖추고 스스로 적용이슈를 해결하는 능력을 함양할 수 있는 교육의 필요성을 느끼고, 2014년 말 'FBT(Framework-Based Teaching) 교육전문위원회'를 발족하였습니다. 그리고 지난 1년 동안 연구와 다양한 논의를 거친 후 이번에 '원칙중심 K-IFRS 교육: 개념체계 기반 접근법'이라는 교재를 개발하여 출간하게 되었습니다.

이 교재의 출판을 계기로 한국회계기준원 FBT 교육전문위원회에서는 지속적으로 교재발간사업을 진행하여 매년 새로운 교육자료를 출간할 예정입니다. 이 교재가 회계교육 현장이나 실무에서 원칙중심 K-IFRS의 올바른 이해와 판단 능력을 키우는 데 도움이 되길 기대합니다.

마지막으로 이 교육교재는 회계기준위원회나 한국회계기준원의 공식 입장이 아닌 집필진의 견해를 반영한 교육자료입니다. 아울러 이 교재를 집필함에 있어 전체 집필과정을 총괄하고 검토하시느라 수고하신 송인만 위원장님과 이 교재의 집필에 열정적으로 참여하신 이재은 교수, 전영순 교수, 한종수 교수, 삼일회계법인의 오기원 전무, 한국회계기준원의 최현덕 팀장과 이웅희 책임연구원의 노고에 감사를 드립니다.

2015년 12월

한국회계기준원 원장 장 지 인

'원칙중심 K-IFRS 교육'의 발간에 부쳐…

자본시장 및 금융산업 발전의 핵심 하부구조로서 회계의 역할은 아무리 강조해도 지나침이 없습니다. 또한 국가경제가 끊임없이 성장하려면 우리가 지니고 있는 한정된 자원이 효율적으로 배분되어야 하고, 이를 위해 회계는 기업의 경제적 실질을 있는 그대로 보여주어야 합니다. 즉 회계가 투명해야 한다는 것입니다. 이를 위하여 2011년도에는 막대한 재원을 투입하여 국제회계기준(IFRS)을 도입하였습니다.

우리가 채택한 IFRS는 근본적으로 회계 사고에 대한 패러다임의 전환을 요구합니다. 왜냐하면 IFRS는 기본적으로 원칙중심의 접근법을 택하고 있기 때문입니다. 원칙중심의 접근법에서는 관련 회계당사자 – 기업, 감사인 및 감독당국 – 모두가 회계기준을 해석하고 적용함에 있어 원칙에 근거한 판단을 해야만 합니다. 그러나 우리의 회계당사자들은 아직도 IFRS 원칙에 근거하여 스스로 판단하는 것을 꺼리고 있는 실정입니다. 이러한 현상이 지속된다면 막대한 비용을 소비하는 IFRS 도입의 효과가 반감될 가능성이 높습니다.

사고 패러다임의 전환은 적절한 교육을 통해 해결될 수 있을 것입니다. IFRS는 상당부분 회계전문가들의 판단을 필요로 하는데, 이를 경제적 실질에 맞게 수행하기 위해서는 일정한 틀이 있어야 하고, 그 틀이 바로 '재무보고 개념체계'입니다. 개념체계는 추정과 판단에 기본이 되는 개념들을 정립하고 있습니다. 따라서 개념체계에 기반한 교육은 IFRS 재무정보의 작성자, 이용자 등에게 필수적입니다.

현재까지 원칙중심 IFRS에 적절한 교재가 개발되어 있지 않아 여전히 규칙중심 시대의 교육이 수행되고 있습니다. 한편, 실무진들은 원칙중심 IFRS의 해석 및 적용에 여전히 어려움을 호소하고 있습니다. 따라서 원칙중심 시대에 적합한 교육과 이를 뒷받침할 수 있는 교재의 개발 필요성이 제기되었습니다.

이 교재는 '재무보고 개념체계'에 기반하여 회계현상에 대한 판단능력을 제고할 수 있도록 사례를 중심으로 다루고 있습니다. 이 교재에 소개된 사례는 한국회계기준원이나 금융감독원에서 수행하였던 질의회신, IFRS 해석위원회에서 안건으로 논의된 전 세계 각국의 다양한 자료까지 검토하여 반영하고 있습니다. 이 교재가 우리나라 상황에 적합한 교육자료가 되고, 이를 바탕으로 우리의 회계투명성이 개선되어 나가기를 기대합니다.

2015년 12월

한국회계기준원 FBT 교육전문위원회 위원장 송 인 만

차 례

Chapter 1 국제회계기준의 특징과 개념체계 기반 회계교육

Chapter 2 재무보고를 위한 개념체계와 FBT

Chapter 3 FBT 구조의 적용(유형자산)

Chapter 4 사례를 활용한 FBT 전달방법

Chapter 5 사례교육방법에 의한 FBT 사례(부채)

Chapter

1 국제회계기준의 특징과 개념체계 기반 회계교육

1.1 배 경

기업들은 국경을 초월하여 자본을 조달하고 투자자들은 자국의 자본시장뿐만 아니라 타국의 자본시장으로까지 투자의 폭을 넓히는 자본의 국제화 시대가 도래하였다. 이처럼 자본시장이 빠르게 통합됨에 따라 전 세계적으로 적용될 수 있는 통일된 회계기준에 대한 요구가 작성자, 투자자, 감독기관, 자본시장 등으로부터 제기되었다. 이러한 단일 회계기준에 대한 요구에 부응하여 탄생한 것이 국제회계기준(IFRS)이라고 할 수 있다. IFRS를 제정하는 국제회계기준위원회(IASB)의 목적은 공공의 이익을 위해 국제적으로 통용될 수 있는 양질의 단일회계기준을 만드는 것이었다. IFRS에 대한 이러한 요구에도 불구하고 IASB는 가시적인 활동을 하지 못하다가 1990년대 중반 국제증권감독자기구(IOSCO)와 연합하여 IFRS의 품질을 높이기 위한 정비작업에 들어갔다. 이후 2000년대로 접어들어 IOSCO가 회원국들에게 IFRS의 사용을 권장하고, Basel 위원회와 G7 재무장관회의에서 IFRS에 대한 지지를 선언하면서 IFRS의 위상이 높아지게 되었다. 이러한 노력의 결과 IFRS의 수준은 큰 폭으로 향상되었으며, 2005년에는 EU, 호주, 뉴질랜드, 남아프리카공화국, 싱가포르, 홍콩 등이 IFRS를 전면 도입하였다. 2015년 현재 약 130개 국가들이 IFRS를 전면 도입하였거나 IFRS와 유사한 회계기준을 유지하고 있다.

우리나라의 경우 1997년에 발생한 금융위기를 극복하는 과정에서 회계투명성 제고를 위해 정부로부터 독립된 민간기구인 한국회계연구원(2006년 한국회계기준원으로 명칭 변경)을 1999년 설립하였다. 이후 한국회계연구원 내 회계기준위원회(KASB)에서 IFRS를 벤치마킹하여 회계기준(K-GAAP)을 제정하기 시작하였다. KASB가 제정한 회계기준은 내용 면에서는 IFRS와 거의 유사하였으나, 국제적으로는 IFRS로 인정받지 못하였다. 이로 인해 국제적으로 실시된 국가신인도 및 회계투명성 평가에서 우리나라는 매우 낮은 평가를 받았으며, 기업들은 상대적으로 높은 자본조달비용을 부담하였다. 이에 정부는 2007년 회계기준의 국제적 정합성을 확보하여 회계투명성과 국가신인도를 높이기 위해 IFRS를 전면 도입한다는 로드맵을 발표하였다. 이 로드맵에 따라 우리나라의 모든 상장기업은 2011 회계연도부터 한국채택국제회계기준(K-IFRS)에 따라 재무제표를 작성하여 공시하고 있다.

K-IFRS는 '규칙중심(rule-based) 회계기준'인 기존의 K-GAAP과는 달리 '원칙중심(principle-based) 회계기준'으로서, K-IFRS의 해석 및 적용에 있어 재무제표 작성자 및 감사인의 전문가적 판단을 필요로 한다. 원칙중심 회계기준은 개념체계에서 제시된 개념에 기초한 회계기준 또는 개념체계에서 파생된 원칙에 기초한 회계기준으로 정의되고 있다(Schipper 2003, Hodgdon et al. 2011, Wells 2011). 즉 원칙중심 회계기준에서는 개념체계에서 정하는 개념에 기초하여 구체적인 회계처리방법의 결정 근거가 되는 원칙을 제공한다. 반면, 규칙중심 회계기준은 회계처리방법을 결정하는 규칙을 제시하고 이러한 규칙의 해석이나 적용에 대한 구체적인 지침을 제공한다(Schipper 2003, Hodgdon et al. 2011). 이에 따라 규칙중심 회계기준은 회계기준의 적용범위나 회계처리에 예외를 허용하고, 회계처리방법간에 일관성이 결여될 수 있다.

원칙중심 회계기준과 규칙중심 회계기준이 적용되는 예를 살펴보면 다음과 같다. 기업이 다른 기업에 대해 유의적인 영향력을 행사할 수 있으면 지분법을 적용하여 회계처리하도록 하는 것은 원칙중심 회계기준이다. 이 경우 작성자는 다른 기업에 대해 유의적인 영향력이 있는지를 판단해야 한다. 반면, 다른 기업의 지분을 20% 이상 보유하고 있으면 지분법을 적용하도록 규정하는 것은 규칙중심 회계기준이다. 이처럼 규칙중심 회계기준에서 유의적인 영향력을 판단하기 위한 구체적인 지침을 제시하는 경우 기업은 해당 지침을 회피할 수 있도록 거래 자체를 설계할 수 있다. 예로, 지분율 20% 이상 보유시 지분법을 적용하도록 하는 경우 기업은 지분율을 20% 미만으로 낮춤으로써 지분법 적용을 회피할 수 있다. 그러나 유의적인 영향력을 행사할 수 있으면 지분법을 적용하도록 하는 원칙중심 회계기준에서는 지분율이 20% 미만이라도 유의적인 영향력이 있다면 지분법을 적용해야 한다. 따라서 원칙중심 회계기준하에서 경제적 실질을 보다 잘 반영할 수 있는 회계처리가 유도될 수 있다.

원칙중심 회계기준이 규칙중심 회계기준에 비해 경제적 실질을 보다 잘 반영할 수 있지만, 이는 작성자가 경제적 실질에 대한 판단을 제대로 할 수 있다는 것을 전제로 한다. 규칙중심 회계기준에서는 그 해석 및 적용에 관한 구체적인 지침이 제시되므로 해당되는 기준에서 제시하는 지침에 따라 회계처리하면 된다. 즉, 규칙중심 회계기준에서는 작성자 및 감사인의 전문가적 판단이 개입될 여지가 크지 않다. 그러나 원칙중심 회계기준에서는 그 해석이나 적용에 대한 구체적인 지침이 없으므로, 거래나 사건을 K-IFRS에 따라 회계처리하기 위해서는 재무제표 요소의 식별, 인식, 측정, 보고 및 공시 등의 결정에 있어 작성자의 전문가적 판단이 요구된다. 또한 적용가능한 K-IFRS가 없는 새로운 유형의 거래가 발생하는 경우, 작성자는 개념체계에 기초하여 적절한 회계처리방법을 결정할 수 있는 의사결정능력이 요구된다. 원칙중심 회계에서는 감사인의 입장에서도 의사결정능력이 요구된다. 규칙중심 회계기준에서는 작성자가 회계기준에서 제시된 지침에 따라 거래나 사

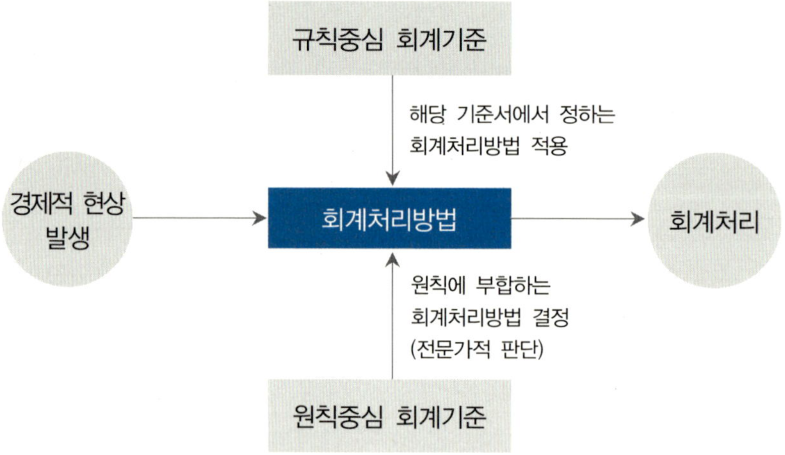

[그림 1-1] 원칙중심 회계기준과 규칙중심 회계기준의 차이

건을 제대로 회계처리하였는지를 확인하는 것이 감사중점사항이었다. 그러나 원칙중심 회계기준에서는 원칙에 기초하여 작성자가 결정한 구체적인 회계처리방법이 적정한지를 판단하는 것이 감사중점사항이므로 감사인의 전문가적 판단능력이 요구된다. 요약하면, 원칙중심 회계기준에서 재무제표 작성자와 감사인은 회계기준에서 제시하는 원칙에 근거해서 스스로 구체적인 회계처리방법을 결정해야 하는 사고의 전환을 필요로 한다. 원칙중심 회계기준과 규칙중심 회계기준의 차이를 요약하면 [그림 1-1]과 같다.

K-IFRS의 특징 중 하나는 공정가치 평가의 확대이다. K-GAAP에서는 대부분의 자산, 부채가 취득원가로 평가되었기 때문에 작성자 및 감사인의 판단이 크게 개입되지 않았다. 그러나 K-IFRS에서는 자산과 부채의 공정가치 평가가 확대되면서, 공정가치 측정을 위해 다양한 추정, 판단, 모형 등의 결정능력이 요구된다. 또한 K-GAAP과 비교하여 K-IFRS의 또 하나의 특징은 연결재무제표가 주 재무제표가 된 것으로, 연결재무제표 작성을 위해 연결대상 종속기업을 판단하는 것이 중요한 이슈가 되었다. K-GAAP에서는 종속기업을 식별하는 지분율 등이 구체적으로 제시되어 종속기업 결정에 있어 작성자의 전문가적 판단이 개입될 여지가 크지 않았다. 즉, 주식회사의 외부

감사에 관한 법률 시행령 제1조의3(지배 · 종속의 관계)은 지배 · 종속관계가 성립하는 경우를 구체적으로 제시하였으며, 피투자기업에 대한 투자가 이 중 하나에 해당하면 지배력이 있는 것으로 보아 연결대상으로 포함하였다. 그러나 원칙중심의 회계기준인 K-IFRS에서는 지배력을 판단하는 원칙만을 제시할 뿐 구체적인 지침이 없어 종속기업을 판단하는 의사결정은 작성자와 감사인의 몫이 되었다. 결론적으로, K-IFRS하에서 원칙에 기초하여 경제적 실질을 반영하는 회계처리방법을 결정하기 위해서는 작성자와 감사인의 전문가적 판단이 중요하게 되었다.

1.2 개념체계 기반 회계교육의 필요성

재무제표를 작성하는 작성자와 재무제표를 감사하는 감사인은 여러 가지 의사결정을 해야 한다. 예로, 미국 SEC의 재무보고 개선을 위한 자문위원회(the Advisory Committee on Improvements to Financial Reporting to the United States Securities and Exchange Commission)는 재무제표 작성 및 감사와 관련하여 다음과 같은 의사결정사항을 제시한다(SEC 2008).

- 경제적 현상에 맞게 적용할 수 있는 회계기준서의 결정
- 회계기준서의 적용
- 회계기준서가 부재한 경우 회계처리방법의 결정
- 재무제표 표시
- 추정 및 추정을 위한 기초자료의 평가

이러한 의사결정은 규칙중심 회계기준을 따르는 국가의 기업에만 국한된 것이 아니며, 원칙중심 회계기준인 K-IFRS하에서는 오히려 더 많은 의사결정을 필요로 한다. 원칙중심 회계기준인 K-IFRS에서는 특정 거래나 사건의 회계처리에 대한 구체적인 지침을 제시하지 않으므로 작성자는 K-IFRS가 제시하는 원칙에 기초하여 경제적 실질을 가장 잘 반영할 수 있는 회계처리

방법을 스스로 도출해야 한다. 구체적으로, 기존에 없었던 새로운 거래나 사건이 발생하는 경우 어떤 기준서를 적용할지를 판단할 수 있는 능력이 필요하다. 또한, 여러 경제적 현상이 혼재된 복잡한 상황에서 그 상황에 맞게 적용할 수 있는 기준서를 판단할 능력이 요구된다. 새로운 거래나 사건이 발생하였으나 적용할 기준서가 부재한 상황에서는 개념체계에서 제시하는 개념에 기초하여 회계처리방법을 결정해 낼 수 있는 능력이 필요하다.

이처럼 원칙중심 회계기준인 K-IFRS에서는 재무제표 작성자와 감사인 스스로 특정 K-IFRS가 정하는 원칙에 기초하여 구체적인 회계처리방법을 결정해야 한다. 그러나 우리나라의 경우 사회 환경 자체가 여전히 규칙중심의 사고를 요구하고 있어 작성자와 감사인은 아직도 규칙중심의 사고를 하고 있다. 원칙에 기초하여 스스로 답을 찾아가기보다는 여전히 외부의 누군가가 답을 제시해 주기를 기대하고 있다. 따라서 원칙중심 회계기준인 K-IFRS에서는 작성자와 감사인 스스로 생각하고 답을 찾아가는 사고방식으로의 전환이 필요하며, 이는 장기간에 걸친 지속적인 교육을 통해 해결되어야 할 것이다. 그런데 현재 우리나라에서 회계전문가를 길러내는 대학교육, 한국공인회계사회의 공인회계사 재교육, 회계법인 내부교육 등은 여전히 규칙중심 회계에서 수행되던 교육에서 크게 벗어나지 못하고 있다. 규칙중심 회계에서 수행되던 교육은 경제적 상황에 대한 판단이 개입될 여지가 없는 주입식 교육이며, 획일적인 해답찾기 위주의 교육이고, 기계적으로 규칙을 적용하는 문제풀이 위주의 교육이었다. 그러나 원칙중심 회계기준인 K-IFRS에서는 획일적인 답이 존재하지 않을 수 있으며, 기업이 처한 경제적 상황에 따라 답이 달라질 수 있다. 예를 들면, A기업이 B기업의 의결권을 45% 보유하고 있고 나머지 55%의 의결권은 수많은 소액주주들이 보유하고 있으며 소액주주들이 경영에 큰 관심이 없는 경우에, A기업은 B기업을 지배한다고 볼 수도 있다. 반면, 55%의 의결권을 다른 몇몇 주주가 보유하고 있고 그들이 서로 적극적으로 연합하여 의결권을 행사하고 있는 경우에, A기업이 B기업을 지배한다고 볼 수 없을 것이다. 따라서 원칙중심 회계기준인 K-IFRS 시대하에서는 교육 또한 작성자와 감사인이 스스로 답을 찾아갈 수 있는 능력을 길러주는 교육으로의 전환이 필요하다. 이러한 원칙중심 회계교육의 수요를 충족시켜 줄 수 있는 교육방법이 개념체계 기반(framework-based) 회계교육이다.

1.3 개념체계 기반 회계교육

1.3.1 개념체계 기반 회계교육의 개념

'Framework-based' 교육이란 'framework'라는 tool을 사용하여 논리적 사고를 통해 해답을 찾아가는 의사결정능력을 길러주는 교육방법이라고 할 수 있다. 여기서 'framework'는 교육참가자들이 논리적인 사고를 할 수 있도록 도와주는 일종의 '사고의 체크리스트'이다. 예를 들어, 신시장에 진입할지 여부에 대한 의사결정은 경쟁우위, 핵심제품, 기존 시장과의 시너지, 기존 시장에서의 경쟁, 기회 및 위협요소 등 여러 요인에 의해 결정된다. 다양한 요인들을 분석하고 결론을 도출하는 의사결정 과정에서 SWOT라는 framework를 사용하면, 이를 사용하지 않았을 때보다 훨씬 논리적이고 체계적인 사고를 할 수 있게 된다.

이러한 framework-based 교육을 원칙중심 회계교육에 적용한 것이 개념체계 기반 회계교육(Framework-Based Teaching, 이하 'FBT'라 한다)이다. FBT란 특정 IFRS를 교육할 때 재무보고를 위한 개념체계에서 정하는 주요 개념을 해당 IFRS의 요구사항과 관련시켜 교육하는 방법이다(IFRS 2014). 즉, 재무보고를 위한 개념체계를 'framework'로 사용하여 특정 IFRS가 제시하는 회계원칙을 분석하고 이를 이해하도록 하게 하는 교육이라고 할 수 있다. FBT에서 재무보고를 위한 개념체계(이하 '개념체계'라 한다)를 'framework'로 사용하는 이유는 헌법이 모든 다른 법률의 근간이 되듯이 개념체계가 개별 IFRS의 뼈대 또는 근간을 제공하기 때문이다. 이는 개별 IFRS가 상호 일관성 있게 제정될 수 있도록 이론적 기초를 제공한다는 개념체계의 목적에 잘 반영되어 있다. IFRS를 제정하는 IASB는 동일하더라도 위원회를 구성하는 위원은 바뀐다. 따라서 위원회의 위원이 바뀌더라도 개별 IFRS가 일관성 있게 제정되기 위해서는 IFRS 제정에 있어 준거할 이론적 지침이 필요하며 개념체계가 이러한 역할을 수행한다. 구체적으로, 개념체계는 재무보고의 목적, 유용한 재무정보의 질적 특성, 재무제표 요소의 정의, 재무제표 요소의 인식기준 및 측정 등에 대한 기본 개념을 제시한다.[1] 특정 IFRS가 개념체계에서 제시하는 이러한 개념과 일관성 있게 제·개정되면 IFRS를 제·개정하는 주체와 상관없이 개별 IFRS간에 일관성을 확보할 수 있다. 이처럼 특정 IFRS가 개념체계에서 제시하는 개념에 근거하여 제정되므로, 개념체계는 특정 IFRS가 요구하는 회계원칙을 해석하고 적용함에 있어서도 준거점이 될 수 있다. 아울러 개념체계는 특정 거래나 사건에 대한 IFRS가 부재한 경우 회계처리방법을 결정하는 데 이론적 근거를 제시할 수 있다. [그림 1-2]는 개념체계에서 정하는 개념이 특정 IFRS가 정하는 회계원칙의 기초가 되는 구조를 제시하고 있다.

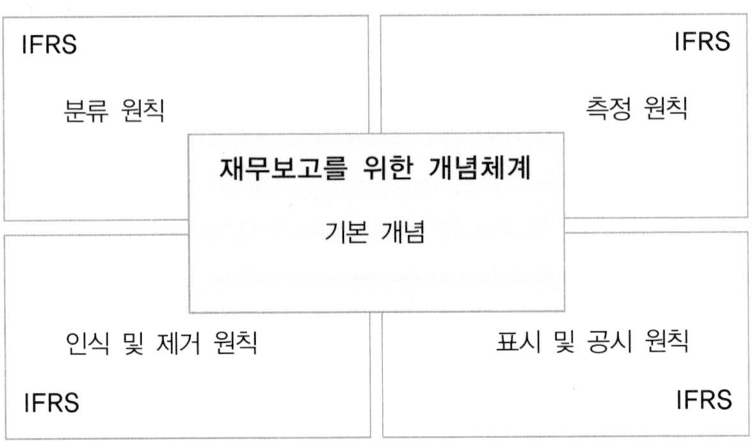

[그림 1-2] 재무보고를 위한 개념체계와 특정 IFRS의 관계[2]

---

1) 완전하고, 명확하며, 업데이트된 '재무보고를 위한 개념체계'를 제공하여 재무보고를 개선하기 위해 IASB는 2015년 5월 '재무보고를 위한 개념체계' 공개초안을 발표하였으며, 이는 현행 개념체계와 비교하여 여러 부분에서 변화가 있다.

2) Wells(2010)의 p. 19 참조

이처럼 개념체계는 특정 IFRS에서 정하는 회계원칙의 근간을 제공한다. 따라서 FBT는 개념체계에서 제시하는 개념에 기초하여 특정 IFRS에서 정하는 회계원칙을 교육하는 것이다.

1.3.2 FBT의 효과

FBT는 IFRS(=K-IFRS)에 대한 전반적인 이해를 높이고 개별 K-IFRS의 근거가 되는 개념에 대한 이해력을 제고함으로써, 원칙중심 회계기준 체계에서 작성자와 감사인에게 요구되는 전문가적 판단능력을 키워 줄 수 있을 것이다.

첫째, 작성자는 거래나 사건이 발생하면 그 경제적 현상을 분석하고 이를 회계처리하기 위해 적용할 K-IFRS를 결정해야 한다. FBT는 K-IFRS를 개념체계에서 정하는 개념과 관련시킴으로써 해당 경제적 현상에 대한 가장 유용한 정보를 제공할 수 있는 K-IFRS를 결정할 수 있는 능력을 길러 줄 것이다. 즉, 여러 경제적 현상이 혼재된 복잡한 상황에서 FBT는 여러 경제적 현상을 분석하고 각 경제적 현상에 적용해야 할 특정 K-IFRS를 판단할 수 있는 능력을 길러 줄 수 있다. 또한, FBT는 기존에 존재하지 않았던 거래나 사건이 새롭게 발생하는 경우에도 개념체계에 근거하여 적용해야 할 특정 K-IFRS를 결정할 수 있는 능력을 길러 줄 것이다.

둘째, 특정 K-IFRS를 결정한 후에는 작성자는 그 K-IFRS에서 요구하는 원칙을 해석하고 적용할 수 있는 능력이 필요하다. FBT는 특정 K-IFRS에서 요구하는 원칙을 그 근간이 되는 개념체계와 연관시킴으로써 특정 K-IFRS의 해석 및 적용과 관련된 의사결정능력을 길러 줄 수 있다. 예를 들어, 자산의 공정가치 측정에 있어 여러 가지 측정방법이 존재할 수 있는데, 작성자는 개념체계에서 정하는 질적 특성의 관점에서 각 방법들을 평가하고 질적 특성을 극대화하는 방법을 선택해야 할 것이다. FBT는 공정가치 회계원칙을 개념체계의 질적 특성과 관련시킴으로써 이러한 의사결정능력을 제고할 수 있다.

셋째, FBT는 특정 거래나 사건에 대해 적용할 수 있는 K-IFRS가 존재하지 않는 경우 개념체계가 제시하는 재무보고의 목적 및 기타 주요 개념에 기초하여 경제적 실질을 가장 잘 반영하는 방법으로 해당 거래나 사건을 회계처리할 수 있는 능력을 길러 줄 수 있다.

넷째, FBT는 특정 K-IFRS가 질적 특성을 극대화하지 않는 정보의 제공을 요구하는 경우 그 이유를 이해할 수 있게 해 줄 것이다. 특정 K-IFRS가 요구하는 회계원칙이 개념체계에서 정하고 있는 개념과 다른 경우에도 FBT를 통해 달리 정한 배경이나 이유를 알 수 있게 되며, 소수의견이 존재하는 경우 그 소수의견이 어떤 배경에서 나온 것인지도 이해할 수 있게 될 것이다. 또한, FBT는 개념체계 안에서 특정 K-IFRS의 요구사항을 분석함에 따라 향후 해당 K-IFRS가 개정되는 경우, 개정되는 K-IFRS가 개념체계에서 정한 목적 및 개념과 얼마나 더 일관성이 있는지를 분석할 수 있는 능력을 길러 줄 수도 있다.

마지막으로, 우리나라의 경우 상장기업에 대해서는 K-IFRS를 적용하며, 비상장기업에는 일반기업회계기준을 적용하고 있다. 일반기업회계기준은 단순화된 K-IFRS로, 일반기업회계기준을 적용할 때도 유사하게 의사결정능력이 필요하다. 따라서 K-IFRS의 교육에 적용되는 FBT는 일반기업회계기준의 교육에도 적용될 수 있을 것이다.

FBT가 효과적으로 수행되기 위해서는 교육참가자들은 먼저 개념체계에서 정하는 재무보고의 목적 및 기타 주요 개념에 대한 지식을 갖추어야 할 것이다. 또한, 회계처리대상인 특정 거래나 사건의 경제적 현상에 대한 지식과 이해가 있어야 할 것이다. 한편, 정보제공자의 입장에서는 정보이용자의 의사결정에 유용한 정보를 제공하기 위해 기업의 경제적 자원 및 청구권과 관련하여 어떤 정보를 제공해야 하는지를 항상 고민해야 할 것이다.

Chapter

2 재무보고를 위한 개념체계와 FBT

2.1 재무보고를 위한 개념체계

FBT는 '재무보고를 위한 개념체계(Conceptual Framework)'에서 정하고 있는 주요 개념을 특정 K-IFRS와 연관시키는 교육방법이다. 효과적인 FBT를 위해서는 교육참가자가 개념체계에서 정하고 있는 재무보고의 목적 및 기타 주요 개념에 대한 지식과 상당한 이해력을 갖추어야 한다. 따라서 아래에서는 구체적인 FBT를 논하기에 앞서 개념체계에서 정하고 있는 주요 개념을 간단히 살펴본다. 개념체계는 K-IFRS가 상호 일관성 있고 논리적으로 제정될 수 있도록 재무보고의 목적, 유용한 재무정보의 질적 특성, 재무제표의 요소, 재무제표 요소의 인식 및 측정 등의 주요 개념을 제시하고 있다. [그림 2-1]은 개념체계를 요약한다.

2.1.1 재무보고의 목적

재무보고의 목적은 개념체계의 기초를 형성하는 것으로, 개념체계에서 정하

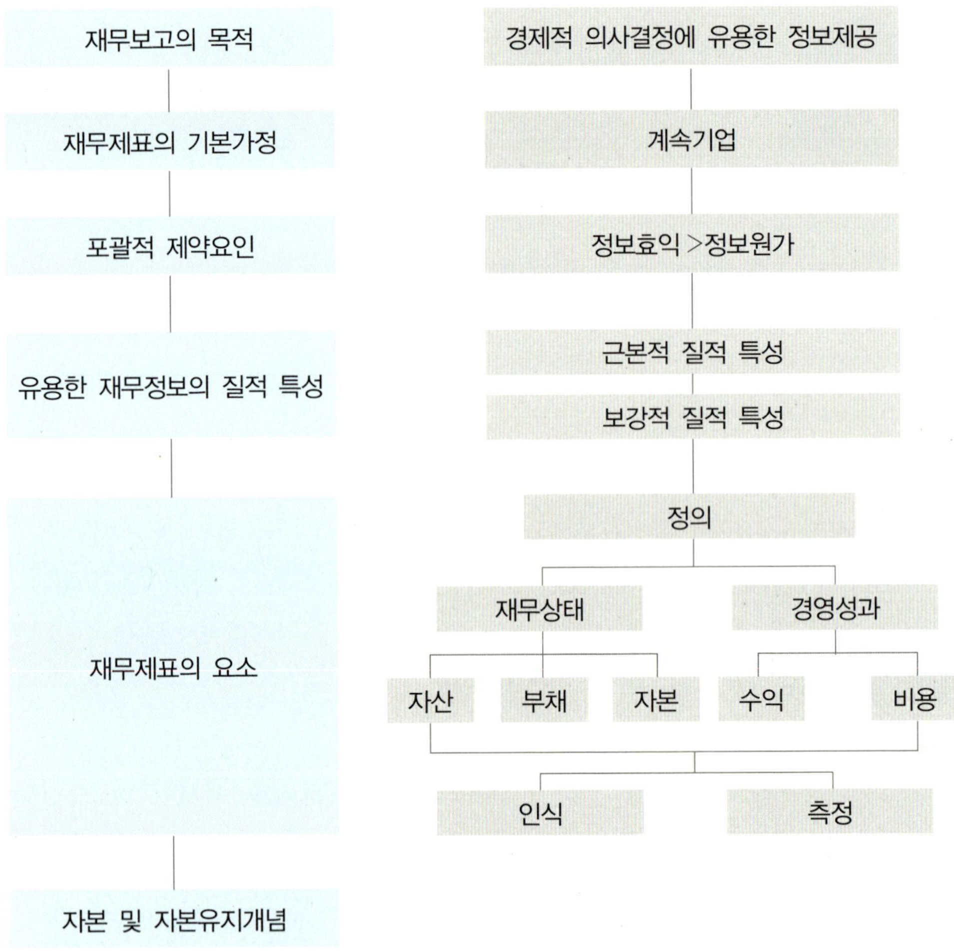

[그림 2-1] '재무보고를 위한 개념체계'의 요약

고 있는 다른 주요 개념들이 재무보고의 목적으로부터 논리적으로 전개된다. 따라서 재무보고의 목적에 대한 이해는 FBT에 필수적이라고 할 수 있다.

개념체계에서 정하는 재무보고의 목적은 현재 및 잠재적 투자자, 대여자 및 기타 채권자가 기업에 자원을 제공하기 위한 의사결정을 할 때 사용하기 위한 해당 기업에 대한 유용한 재무정보를 제공하는 것이다. 개념체계에서는 재무보고의 대상으로 현재 및 잠재적 투자자, 대여자 및 기타 채권자를 명시하고 있는데, 이처럼 재무보고의 대상을 명시적으로 정하는 것이 매우 중요하다. 재무보고의 대상에 따라 제공해야 할 정보 및 정보의 범위나 특성이 달라질 수 있기 때문이다. 개념체계에서 현재 및 잠재적 투자자, 대여자 및 기타 채권자를 재무보고의 대상으로 정한 이유는 이들 이용자는 기업에 정보를 제공하도록 직접 요구할 수 없어 의사결정에 필요한 재무정보의 많은 부분을 기업이 제공하는 재무보고서에 의존해야 하기 때문이다. 개념체계에서 재무보고의 대상을 현재 및 잠재적 투자자, 대여자 및 기타 채권자로 정한다고 하더라도 기업이 이들 이용자 각자가 요구하는 특정 재무정보를 제공할 수는 없다. 대신 기업은 일반목적으로 사용될 수 있는 재무보고서(일반목적재무보고서)를 제공하고 정보이용자는 각자의 목적에 따라 이를 이용하도록 하고 있다.

현재 및 잠재적 투자자, 대여자 및 기타 채권자의 주요 의사결정은 지분상품 및 채무상품을 매수, 매도 또는 보유할지 여부와 대여 및 기타 형태의 신용을 제공하거나 결제할지 여부 등의 의사결정이라고 할 수 있다. 이러한 의사결정은 기업에 유입될 미래 순현금유입의 금액, 시기 및 불확실성에 대한 평가와 밀접하게 관련되어 있다. 따라서 이들 이용자들은 기업의 미래 순현금유입의 금액, 시기 및 불확실성에 대한 평가를 위해 기업의 자원, 기업에 대한 청구권 및 기업이 그 자원을 얼마나 효율적이고 효과적으로 사용하였는지에 대한 정보를 필요로 한다. 이러한 정보수요를 충족시키기 위해 일반목적재무보고서(general purpose financial statements)는 보고기업의 경제적 자원 및 청구권에 관한 정보와 경제적 자원 및 청구권의 변동에 관한 정보를 제공한다.

2.1.2 유용한 재무정보의 질적 특성

앞서 언급한 대로, 현재 및 잠재적 투자자, 대여자 및 기타 채권자의 정보수요를 충족시키기 위해 기업의 일반목적재무보고서는 경제적 자원과 청구권에 관한 정보 및 경제적 자원과 청구권의 변동에 대한 정보를 제공한다. 그런데 이와 관련하여 기업이 제공할 수 있는 정보의 유형은 다양하므로 기업은 다양한 정보 중에서 어떤 정보의 유형이 현재 및 잠재적 투자자, 대여자 및 기타 채권자의 의사결정에 유용한 정보인지를 식별할 필요가 있다. 이를 위해 개념체계는 정보가 유용하기 위해 갖추어야 할 질적 특성을 제시한다. 개념체계는 유용한 정보의 질적 특성을 근본적 질적 특성과 보강적 질적 특성으로 구분하고 있다.

근본적 질적 특성은 정보가 유용하기 위해 반드시 갖추어야 할 질적 특성을 의미하는데, 정보가 유용하기 위해서는 의사결정 목적에 적합하여야 하고 충실하게 표현되어야 한다. 목적적합한 정보는 해당 정보가 제공되었을 때 그렇지 않은 경우와 비교하여 정보이용자의 의사결정이 달라질 수 있는 정보를 말한다. 정보가 목적적합하기 위해서는 예측가치가 있거나 과거 평가에 대한 피드백을 제공하는 확인가치가 있어야 한다. 정보가 나타내고자 하는 현상을 충실하게 표현하기 위해서는 그 서술이 완전하고, 중립적이며, 오류가 없어야 한다. 목적적합성과 충실한 표현 중 하나라도 부재한 정보는 유용한 정보라고 할 수 없다. 목적적합하지 않은 현상에 대한 충실한 표현과 목적적합한 현상에 대한 충실하지 못한 표현 모두 정보이용자가 좋은 결정을 내리는 데 도움이 되지 않을 것이기 때문이다. 그런데 목적적합성은 해당 정보가 중요하다는 것을 전제로 한다. 중요한 정보란 해당 정보가 누락되거나 잘못 기재된 경우 특정 보고기업의 재무정보에 근거한 정보이용자의 의사결정에 영향을 줄 수 있는 정보를 말한다. 따라서 중요하지 않은 정보는 정보이용자의 의사결정에 영향을 줄 수 없으므로, 정보가 목적적합하기 위해서는 중요한 정보여야 한다.

보강적 질적 특성은 그 자체가 정보를 유용하게 하지는 못하지만 이미 유용한 정보의 유용성을 보강시키는 질적 특성이다. 즉, 목적적합하지 않거나 충실하게 표현되지 않은 정보가 보강적 질적 특성을 갖추고 있다고 해서 유용한 정보가 되지는 않는다. 그러나 목적적합하고 충실하게 표현된 정보

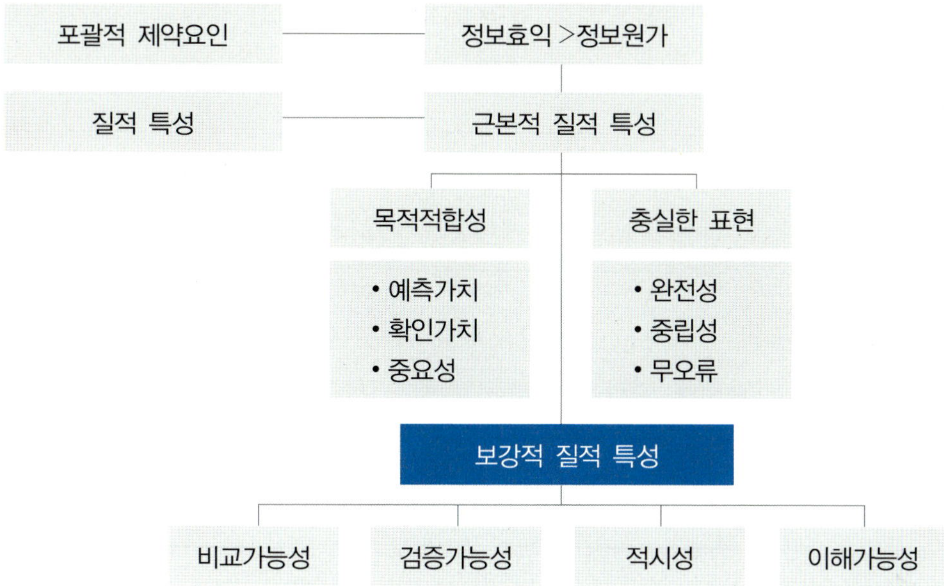

[그림 2-2] 유용한 재무정보의 질적 특성

가 보강적 질적 특성을 가지고 있으면 더욱 유용해진다. 보강적 질적 특성으로 비교가능성, 검증가능성, 적시성 및 이해가능성을 제시하고 있다.

정보를 제공하기 위해서는 원가가 소요되며 해당 정보로부터의 효익이 그 원가를 정당화할 수 있을 때만 제공되어야 한다. 따라서 근본적 질적 특성을 가진 정보의 보강적 질적 특성을 극대화하면 가장 유용한 정보를 제공할 수 있겠지만, 원가제약요인으로 인해 보강적 질적 특성을 극대화시키지 못할 수도 있다. 또한, 원가제약요건으로 인해 가장 목적적합한 정보보다 덜 목적적합한 정보가 제공될 수도 있다. [그림 2-2]는 유용한 재무정보의 질적 특성을 요약한다.

2.1.3 재무제표 요소의 정의

개념체계는 재무상태의 측정과 관련된 자산, 부채, 자본 및 성과의 측정과 관련된 수익, 비용을 재무제표의 요소로 제시하고 있다. 개념체계는 자산을 '과거 사건의 결과로 기업이 통제하고 있고 미래 경제적 효익이 기업에 유입될 것으로 기대되는 자원'으로, 부채를 '과거 사건에 의하여 발생하였으며 경제적 효익을 갖는 자원이 기업으로부터 유출됨으로써 이행될 것으로 기대되는 현재의무'로 정의하고 있다. 개념체계는 다른 재무제표 요소들을 자산과 부채에 기초하여 정의하고 있는데, 먼저 자본은 기업의 자산에서 모든 부채를 차감한 후의 잔여지분으로 정의하고 있다. 수익은 자산의 유입이나 증가 또는 부채의 감소에 따라 자본의 증가를 초래하는 특정 회계기간 동안에 발생한 경제적 효익의 증가로 정의하는데, 지분참여자의 출연과 관련된 것은 제외한다. 비용은 자산의 유출이나 소멸 또는 부채의 증가에 따라 자본의 감소를 초래하는 특정 회계기간 동안에 발생한 경제적 효익의 감소로 정의하는데, 지분참여자에 대한 분배와 관련된 것은 제외한다. 이러한 수익과 비용의 정의는 그 본질적 특성을 식별하기 위한 것이지, 포괄손익계산서상 수익과 비용으로 인식하기 위한 인식기준이나 표시방법을 정하는 것은 아니다. 경제적 의사결정에 목적적합한 정보를 제공하기 위하여 포괄손익계산서에 수익과 비용을 다양한 방법으로 표시할 수 있으며, 수익과 비용의 표시에 대한 회계원칙은 해당 K-IFRS에서 정하고 있다.

2.1.4 재무제표 요소의 인식

재무제표 요소는 발생주의에 따라 인식하는데, 개념체계는 재무제표 요소가 그 정의를 충족하고 다음의 기준을 모두 충족하면 재무제표에 인식되어야 한다고 제시하고 있다.

(1) 그 항목과 관련된 미래 경제적 효익이 기업에 유입되거나 기업으로부터 유출될 가능성이 높다.

(2) 그 항목의 원가 또는 가치를 신뢰성 있게 측정할 수 있다.

개념체계는 특정 항목과 관련된 미래 경제적 효익이 기업에 유입되거나 기업으로부터 유출될 가능성이 높아야 한다는 것을 인식기준의 하나로 제시하고 있다. 그러나 이는 선언적인 의미라고 할 수 있으며, 재무제표 요소 항목별 구체적인 인식기준은 개별 K-IFRS에서 정하고 있다. 따라서 개별 K-IFRS에서 정하는 구체적인 인식기준은 서로 일관되지 않을 수도 있다. 예로, 충당부채 기준서는 부채의 정의를 충족하는 의무를 이행하기 위하여 미래 경제적 효익이 기업으로부터 유출될 가능성이 높으면(즉, 50%보다 높으면) 재무제표상 충당부채를 인식하도록 하고 있다. 반면, 자산의 공정가치 측정에 있어서는 공정가치와 관련된 미래 경제적 효익의 발생가능성이 불확실하더라도 이를 사용하도록 하고 있다.

개념체계에서 제시하는 두 번째 인식기준은 대상 항목의 원가 또는 가치를 신뢰성 있게 측정할 수 있어야 한다는 것이다. 재무제표 요소를 인식하기 위해서는 많은 경우 원가나 가치의 추정이 개입되는데, 합리적 추정 자체가 신뢰성을 훼손하지는 않는다고 본다. 즉, 추정을 위한 가정 및 추정과정이 합리적이면 신뢰성 있게 측정되었다고 할 수 있다. 그러나 합리적인 추정을 할 수 없는 경우에는 해당 항목을 재무상태표나 포괄손익계산서에 인식할 수 없다.

특정 항목에 대한 정보가 기업의 재무상태와 경영성과를 평가함에 있어 목적적합하지만 인식기준을 충족하지 못한다면, 해당 항목을 재무제표에 인식할 수 없다. 그러나 필요하다면 주석, 설명 자료 또는 부속명세서에 공시할 수 있다.

2.1.5 재무제표 요소의 측정

재무제표 요소의 측정은 재무상태표와 포괄손익계산서에 인식되고 보고되어야 할 재무제표 요소의 화폐금액을 결정하는 과정이다. 많은 경우 재무제표 요소의 측정은 추정이나 판단 또는 추정모형에 기초하여 이루어지며 다수의 측정기준을 결합하여 사용할 수도 있다. 개념체계는 기업이 사용할 수 있는 측정기준의 예를 제시하고 있는데, 역사적 원가, 현행원가, 실현가능가치, 현재가치 등이 이에 해당한다. 개념체계에서 제시하는 이러한 측정기준은 기업이 선택가능한 예시에 불과하며, 특정 재무제표 요소에 대한 측정기준은 각 개별 K-IFRS에서 정하고 있다.

2.1.6 개정중인 개념체계 공개초안

개념체계는 개별 K-IFRS가 일관성 있게 제정될 수 있도록 이론적 근간을 제공하는 것을 목적으로 한다. 따라서 개념체계는 모든 K-IFRS에 포괄적으로 적용될 수 있는 이론적 근거를 제시해야 하나, 현행 개념체계는 이러한 역할을 하기에는 미비한 점이 있다. 앞의 재무제표 요소의 인식에서 살펴본 바와 같이, 개별 K-IFRS에서 정하는 구체적인 인식기준은 서로 일관되지 않은 경우도 있다. 또한, 금융상품에 관한 K-IFRS는 기존에 인식된 자산이 더 이상 인식기준을 충족하지 않게 되면 제거해야 하는 제거에 관한 원칙을 정하고 있다. 그러나 현행 개념체계는 자산·부채의 인식에 대한 개념만 정하고 있으며, 제거에 대한 개념을 제시하지 않고 있다. 또한, 재무제표이용자의 의사결정에 유용한 정보를 충실하게 표현하기 위해서는 정보의 표시와 공시가 중요함에도 불구하고 개념체계는 이러한 개념을 제시하지 않고 있다. 국제회계기준위원회는 현행 개념체계의 미비점을 인지하고 이를 개선하기 위해 개념체계를 개정중에 있다. 현행 개념체계와 개정중인 개념체계 공개초안(ED)의 주요한 차이는 〈표 2-1〉에 요약된다.

현재 개정중인 개념체계는 아직 완성 목표기간이 제시되지 않은 상태이므로 당분간은 현행 개념체계가 적용될 것으로 예상된다. 따라서 이후 FBT와 관련된 모든 논의는 현행 개념체계의 틀 안에서 이루어진다.

〈표 2-1〉 현행 개념체계와 개정중인 개념체계 기초안의 차이

〈보고기업(reporting entity) : ED 2010.3〉

현행 개념체계	개정안
없음	• 보고기업 정의 : 하나의 경제활동 영역. 법적 실체일 필요는 없으며, 두 기업이나 한 기업의 일부로 구성 • 부문정보 : 부문(portion)이 구분되고 이 부문정보가 유용할 경우 보고기업으로서 재무정보 표시 • 표시 : 연결재무제표로 표시. 연결하지 않은 재무제표를 표시할 경우, 연결재무제표를 어떻게 이용자들이 접할 수 있는지 공시 • 재무제표 : 지배기업만의 제무제표, 결합재무제표 언급. 다만 결합재무제표 작성시 어떤 기업으로 구성되는지는 명시하지 않음

〈재무제표 요소의 정의, 인식, 측정 : ED 2015. 5〉

분 류	현행 개념체계	개정안
자산의 정의	① 과거 사건의 결과 ② 기업이 통제 ③ 미래 경제적 효익의 유입이 기대되는 자원	① 과거 사건의 결과 ② 기업이 통제 ③ 현재의 경제적 자원
부채의 정의	① 과거 사건에 의해 발생 ② 자원유출로 이행이 기대 ③ 현재의무	① 과거 사건의 결과 ② 경제적 자원을 이전 ③ 현재의무
인식	① 미래 경제적 효익의 유입(유출) 가능성이 높고 ② 신뢰성 있는 측정	① 목적적합하고 ② 원가-효익 요건을 충족하고 ③ 충실하게 표현
제거	없음	인식기준을 충족하지 못할 때 제거, 일부 처분의 경우 추가 공시 등을 고려
측정	• 측정방법 : ① 역사적 원가 ② 현행원가 ③ 실현가능(이행)가치 ④ 현재가치	• 측정방법 : ① 역사적 원가 ② 현행가치 • 측정방법 선택원칙 제시 자산 : 미래현금흐름에 기여 방법 반영 부채 : 부채를 이행(결제)하는 방법 반영

당기순손익/ 기타포괄손익	없음	• 당기순손익은 합계 또는 소계로 표시 • 기타포괄손익과 당기순손익을 구별 • 기타포괄손익 중 일부 당기순손익으로 재분류하는 재순환 개념 소개
재무제표 표시/ 공시	없음	• 공시 규정의 의사소통 원칙 제시

2.2 FBT의 구조

앞서 설명한 바와 같이 FBT는 개념체계를 기반으로 하여 K-IFRS를 교육하는 접근방법이다. 그런데 개념체계를 직접 적용하는 것은 쉽지 않다.

개념체계를 교육에 적용하기 위해서는 개념체계에 근거하면서도 더 자세한 또한 더 쉽게 적용할 수 있는 기본적인 틀이 필요하다. 아래에서 설명하는 FBT의 구조(Structure)는 회계이슈 또는 회계기준을 교육하고 이해함에 있어서 개념체계를 적용하는 하나의 틀이다.

[그림 2-3]에 제시한 FBT 구조는 개념체계를 교육에 적용하는 틀이다. [그림 2-3]의 FBT 구조는 개념체계의 중요한 기본적인 요소들로 구성되어 있어 대부분의 경우에 적용할 수 있을 것이다. 그러나 이곳에서 제시한 FBT의 구조가 모든 회계이슈나 기준에 적용될 수 있지는 않을 것이다. 필요에 따라서 일부분을 사용할 수 있을 것이며, 추가적인 요소가 필요할 수도 있다. 총 4그룹 8단계로 구성되어 있는데 각각에 대하여 아래에서 설명한다.

2.2.1 그룹 1 : 경제적 현상과 유용한 정보

단계 1 : 경제적 현상(economic phenomenon)과 유용한 정보(useful information)

일반목적재무보고의 목적은 '현재 및 잠재적 투자자, 대여자 및 기타 채권자

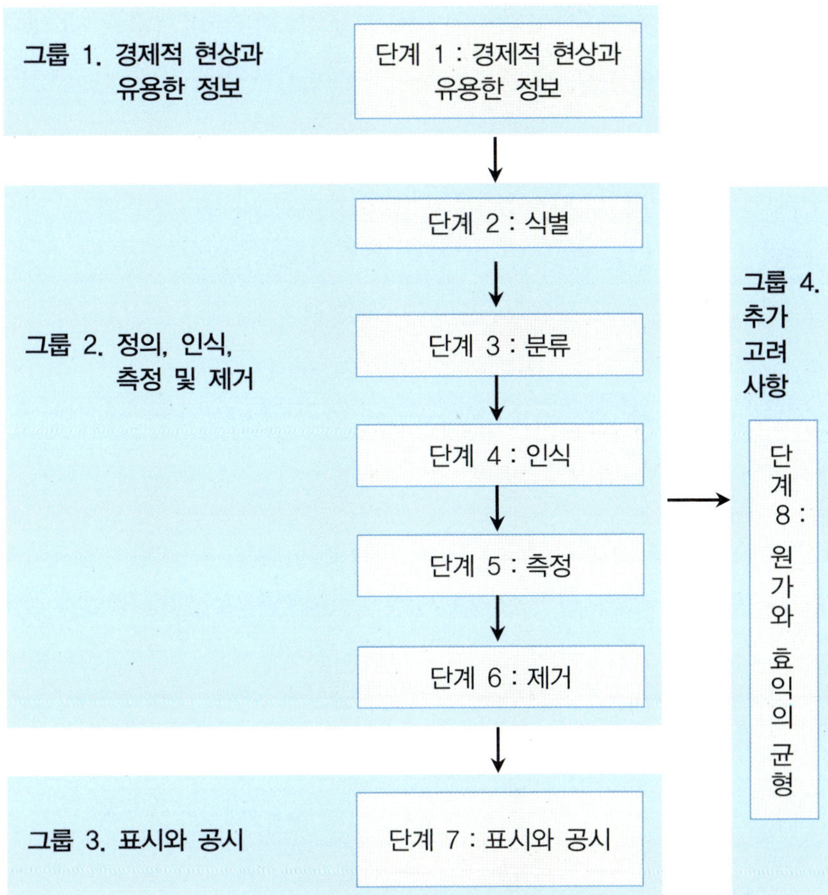

[그림 2-3] FBT 구조의 요약

가 기업에 자원을 제공하는 것에 대한 의사결정을 할 때 유용한 보고기업 재무정보를 제공(개념체계 문단 OB2)'하는 것이다. 따라서 FBT는 다른 것에 우선하여 유용한 정보는 무엇인가로 시작한다. 그러나 거래에 따라 경제적 현상은 다를 것이고 유용한 정보는 경제적 현상에 따라 다를 것이다. 따라서 경제적 현상의 파악과 함께 유용한 정보를 도출한다.

유용한 정보가 무엇인가를 도출함에 있어서 두 가지 주요 이슈가 있다. 한 가지는 특정한 경제적 현상에 대한 유용한 정보가 무엇인가(What is useful information for a particular economic phenomenon?)하는 것이고, 다른 한 가지는 유용한 정보는 어떤 질적 특성을 가지고 있는가 하는 것이다(What qualitative characteristics should the information have?).

첫째 질문에 대한 대답, 즉 특정 경제적 현상에 대한 유용한 정보를 파악하기 위해서는 범위를 제한하는 것이 필요하다. 유용한 정보란 정보이용자가 필요로 하는 정보일 것인데, 각 주요 이용자들의 정보 수요 및 욕구는 다르고 때로는 상충되기도 하기 때문이다. 따라서 개념체계에서는 정보이용자들의 공통적인 정보수요를 제공하는 것이 일반목적재무보고의 목적이라고 유용한 정보의 범위를 제한하고 있다. 이에 따라 개념체계는 아래와 같이 재무상태와 재무상태의 변동에 대한 정보를 유용한 정보라 하고 있다.

> 일반목적재무보고서는 보고기업의 재무상태에 관한 정보, 즉 기업의 경제적 자원과 보고기업에 대한 청구권에 관한 정보를 제공한다. 재무보고서는 보고기업의 경제적 자원과 청구권을 변동시키는 거래와 그 밖의 사건의 영향에 대한 정보도 제공한다. 이 두 유형의 정보는 기업에 대한 자원 제공 관련 의사결정에 유용한 투입요소를 제공한다(개념체계 OB12).

따라서 FBT에서는 어떤 경제적 현상이 발생했을 때, 가장 먼저 그 경제적 현상이 기업의 경제적 자원이나 기업에 대한 청구권 그리고 이러한 자원이나 청구권의 변동에 어떻게 영향을 주는지를 교육참가자들이 생각할 수 있도록 유도한다. 또한 이러한 경제적 현상으로 인한 재무상태와 재무상태의 변동이 현재 및 잠재적 투자자, 대여자, 그 밖의 채권자가 기업의 미래 순현금흐름에 대한 전망을 평가하는 데 유용할지를 교육참가자들이 자연스럽게 고려할 수 있게 유도한다. 이 경우, 비슷한 경제적 특성에 초점을 맞추고 차이점을 강조하는 방법을 사용할 수도 있다.

두 번째 질문과 관련하여 개념체계는 정보가 유용하기 위해 갖추어야 할 질적 특성을 제시하고 있다. 개념체계가 제시한 질적 특성 중 이 단계에서 가장 많이 고려해야 하는 것은 목적적합성(relevance)이다. 목적적합한 정보는 해당 정보가 제공되었을 때 그렇지 않은 경우와 비교하여 정보이용자의 의사결정이 달라질 수 있는 정보를 말한다. 또한 정보가 목적적합하기 위해서는 예측가치가 있거나 과거 평가에 대한 피드백을 제공하는 확인가치가 있어야 하며 중요한 정보여야 한다. 목적적합성은 해당 정보가 중요하다는 것을 전제로 한다. 중요하지 않은 정보는 정보이용자의 의사결정에 영향을 줄 수 없으므로, 정보가 목적적합하기 위해서는 중요한 정보여야 한다. 따라서 강사는 특정 경제적 현상과 관련된 기업의 경제적 자원이나 기업에 대한 청구권 그리고 이러한 자원이나 청구권의 변동에 대한 정보가 예측가치와 피드백가치를 가지고 있는지, 중요한 정보인지에 대하여 교육참가자들과 토론한다.

이를 위하여 개념체계의 목적과 각 관련 기준서의 목적을 비교하고 연결해 볼 수도 있다. 또한 여러 회계정책 또는 회계방법을 적용할 수 있다면, 어떤 정책 또는 방법이 정보이용자에게 더 또는 덜 유용한 정보를 제공하는지를 토론해 볼 수도 있다. 이때 어떤 근거에서 그 정보가 더 또는 덜 유용한 정보를 제공하는지를 생각하도록 유도한다.

목적적합성과 함께 정보의 유용성을 결정짓는 또 다른 질적 요소는 충실한 표현(faithful representation)이다. 충실한 표현이란 경제현상의 경제적 실질을 반영하도록 기업의 재무상태, 재무성과, 현금흐름을 중립적이고 완전하며 오류가 없도록 표현하는 것을 의미한다. 충실한 표현은 다음에서 설명하는 정의, 인식, 측정, 제거, 표시와 공시 부분과도 많은 관련성을 가진다. 따라서 이 단계에서는 개략적인 개념을 적용하고, 자세한 적용은 다음 단계에서 할 수 있다.

2.2.2 그룹 2 : 정의, 인식, 측정 및 제거

특정 경제현상에 유용한 정보가 무엇인지를 파악했다면 이 유용한 정보가 재무제표에 포함될 수 있는지에 대하여 생각하도록 유도해야 한다. 개념체계는 정보를 재무제표에 포함하기 위한 요건으로 다음의 세 가지를 구체적으로 제시하고 있다.

(1) 재무제표 요소의 정의에 부합하는지
(2) 인식기준을 만족하는지
(3) 신뢰성 있는 측정이 가능한지

(1)과 (2)는 정보를 재무제표에 인식할 수 있는가를 결정짓는 요소이다. 즉 재무제표 요소의 정의를 충족하고 인식기준이 충족되지 못한다면 아무리 유용한 정보라고 하여도 재무제표에 인식하지 않는다. 이에 더하여 회계는 재무정보를 전달하므로 정보를 금액으로 측정해야 한다. 따라서 (3)은 회계에서 가장 중요한 핵심 중의 하나이다. 그 이유는 어떻게 측정하는가에 따라 재무제표에 표시되는 금액이 달라질 수 있기 때문이다. 또한 인식해야 하는 거래라고 하여도 금액의 측정에 있어서 신뢰할 수 없다면 재무제표에 표시할 수 없기 때문이다.

단계 2 : 식별(Identification, 재무제표 요소의 정의에 부합하는가?)

개념체계는 재무제표의 요소(elements of financial statements)로 자산, 부채, 자본, 수익 및 비용을 제시하고 있다. 즉 이 다섯 개의 요소에 영향을 미치는 거래와 항목만이 재무제표에 표시된다. 따라서 강사는 단계 1에서 파악한 유용한 정보가 다섯 개의 재무제표 요소 중 어느 것에 해당하고, 해당 재무제표 요소의 정의에 부합하는 것인지에 대하여 교육참가자들이 생각하도록 유도한다.

예를 들어, 어떤 기업이 건물을 소유하고 있다면, 이 건물은 (1) 다섯 개의 재무제표 요소 중 어느 것에 해당하며, (2) 그 요소의 정의에 부합하는가를 판단하도록 유도한다. 이를 위해서는 개념체계의 자산 또는 비용에 대한 정의를 언급해야 할 필요가 있다. 즉, 이 건물에 대한 지출이 자산인지 비용인지를 판단해야 하고, 자산에 해당한다고 판단했다고 해도 개념체계에서 제시하고 있는 자산의 정의(과거 사건의 결과로 기업이 통제하고 있고 미래 경제적 효익이 기업에 유입될 것으로 기대되는 자원)에 부합하는지를 결정하도록 해야 한다.

단계 3 : 분류(Classification)

개념체계는 분류에 대해서는 언급하고 있지 않다. 개념체계에서 설명하고 있는 재무제표의 요소는 재무제표의 대분류에 따른 것이다. 즉, 거래나 그 밖의 사건의 재무적 영향을 경제적 특성에 따라 대분류하여 나타낸 것이 개념체계에서 제시하고 있는 재무제표의 요소이다.

그러나 재무제표는 대분류 이외에도 중분류와 소분류를 포함한다. 예를 들어 건물의 경우에 대분류는 자산이지만, 재무제표에 표시할 때에는 보유기간에 따라 유동자산과 비유동자산으로 분류된다. 한 걸음 더 나아가, 보유목적에 따라 추가적으로 분류된다. 매각의 목적으로 소유하고 있다면 재고자산, 장기간의 사용을 목적으로 소유하고 있다면 유형자산, 시세차익을 목적으로 보유하고 있다면 투자부동산으로 구분될 것이다. 또한 성격에 따라 자산은 유형자산, 무형자산, 생물자산 등으로 분류되기도 한다. 이와 같이 분류는 어떤 정보 또는 항목의 중 · 소 분류를 확정하는 것이다.

분류는 해당 항목에 적용해야 할 기준서를 결정하기 때문에 매우 중요한 문제이다. 재고자산으로 분류한다면 K-IFRS 제1002호, 유형자산으로 구분한다면 K-IFRS 제1016호, 투자부동산으로 구분한다면 K-IFRS 제1040호가 해당된다.

이에 더해서 각 기준서는 적용범위를 정하고 있다. 예를 들어 유형자산 기준서 K-IFRS 제1016호에서는 매각예정으로 분류되는 유형자산(K-IFRS 제1105호), 농림어업활동과 관련되는 생물자산(K-IFRS 제1041호), 탐사평가자산(K-IFRS

제1106호) 등에 각기 다른 기준서를 적용하도록 규정하고 있다.

따라서 분류에서 가장 중요한 것은 어떤 기준서가 적용되어야 하는지를 분명히 판단할 수 있는 능력을 가질 수 있도록 도와주어야 한다. 이를 위하여 적용가능한 구체적 기준서와 각 기준서의 적용범위를 참조해야 한다.

단계 4 : 인식(Recognition)

인식이란 매우 광범위한 개념이다. 인식은 (1) 재무제표 요소(예 : 자산)의 정의에 부합하고 (2) 인식기준을 충족하는 항목을 재무상태표나 포괄손익계산서에 포함하는 과정을 말한다. 이 과정은 해당 항목을 서술하는 (3) 계정명칭과 (4) 화폐금액으로 기술하고 그 금액을 재무상태표 또는 포괄손익계산서 총계에 산입하는 것을 포함한다. 이 중 (1)과 (3)은 단계 2와 3에서 설명하였고, (4)는 단계 5에서 설명할 것이므로 여기서는 (2)에 집중하여 설명한다.

개념체계는 구체적인 인식기준을 제시하고 있다. 개념체계는 특정 항목이 항목의 정의에 부합하고(단계 2) 다음 기준을 모두 충족한다면 재무제표에 인식되어야 한다고 규정하고 있다. 따라서 단계 4는 아래의 두 인식기준의 적용을 교육참가자들에게 전달하는 단계이다.

(1) 그 항목과 관련된 미래 경제적 효익이 기업에 유입되거나 기업으로부터 유출될 가능성이 높다.
(2) 그 항목의 원가 또는 가치를 신뢰성 있게 측정할 수 있다.

인식의 두 기준을 설명할 때에는 이 기준이 모든 지출(최초 지출과 후속 지출을 포함)에 적용되는 원칙임을 분명히 설명해야 한다.

인식과 관련된 것으로 회계단위(the unit of account)[1]가 있다. 회계단위는 항

---

1) 회계단위(항목의 인식에 대한 측정의 단위)는 기업이 유형자산 항목의 감가상각에 사용하는 측정단

목, 항목의 집단 또는 항목의 일부분의 인식에 대한 측정단위(unit of measure)이다. 예를 들어, 금형, 공구 및 틀 등과 같이 개별적으로 경미한 항목은 통합하여 그 전체를 하나의 회계단위로 보아 전체 가치에 대하여 인식기준을 적용하는 것이 적절할 수 있다. 따라서 회계단위에 따라서 인식기준의 적용이 이루어져야 함을 설명한다.

회계단위를 설명함에 있어서 유용한 정보의 질적 특성 중 하나인 중요성(materiality)을 연결하여 설명해야 한다. 정보가 누락되거나 잘못 기재된 경우 특정 보고기업의 재무정보에 근거한 정보이용자의 의사결정에 영향을 줄 수 있다면 그 정보는 중요한 것이다.

단계 5 : 측정(Measurement)

측정은 재무상태표와 포괄손익계산서에 인식되고 평가되어야 할 재무제표 요소의 화폐금액을 결정하는 과정이다.

개념체계는 재무제표에서 다수의 측정기준이 다양한 방법으로 결합되어 사용된다고 언급한다. 그러한 측정기준의 예는 다음과 같다.

(1) 역사적 원가
(2) 현행원가
(3) 실현가능(이행)가치
(4) 현재가치

개념체계에서는 포함하고 있지 않지만, K-IFRS는 이들 외에도 공정가치를 측정의 한 방법으로 제시하고 있다. K-IFRS 제1113호는 공정가치를 측정일에 시장참여자 사이의 정상거래에서 자산을 매도하면서 수취하거나 부채를 이전하면서 지급하게 될 가격으로 정의한다.

위와 혼동해서는 안 된다. 예를 들면, 항공기는 하나의 회계단위이어도, 항공기의 엔진은 항공기의 다른 부분과 별도로 감가상각할 수 있다.

어떤 측정방법을 선택하는가는 재무보고의 목적과 이에 따른 유용한 정보에 따라 달라질 수 있다. 기업이 보유하여 사용할 목적으로 보유하고 있다면 역사적 원가나 미래현금흐름유입액의 현재가치가 유용한 정보일 수 있다. 반면에 기업이 매각할 목적을 가지고 있다면 정보이용자들에게는 현행원가나 실현가능가치가 더 유용할 것이다.

측정은 현실의 정확한 서술보다는 상당 부분 추정, 판단 및 모형에 근거한다. 개념체계에서는 그 추정, 판단 및 모형이 측정의 기초가 되는 개념임을 설명하고 있다. 따라서 측정의 불확실성(측정의 과정에서 사용하는 추정이나 판단 또는 모형)이 회계정보가 유용하지 않다는 것을 의미하는 것은 아님을 이해시켜야 한다. 또한 측정시 사용한 추정은 상황에 따라서 또는 추가정보에 따라서 변경될 수 있고, 정보의 유용성을 향상시킬 수 있음을 이해하도록 도와주어야 한다. 추정의 변경은 오류의 수정이 아니므로 소급법을 적용하지 않는다.

개념체계에 제시된 질적 특성 중 측정과 가장 관련된 것은 무오류와 검증가능성일 것이다. 측정상 무오류라는 것은 오류가 없어야 한다는 것이고, 검증가능성이란 합리적인 판단력이 있고 독립적인 서로 다른 관찰자가 독립적으로 측정했을 때, 결과가 대체로 일치할 수 있다는 것을 의미한다. 물론 이를 완벽하게 달성하기는 어렵다. 질적 특성을 제시하는 목적은 가능한 정도까지 그 특성을 극대화하는 것이다.

측정은 최초 인식시점의 측정과 후속 측정으로 구분된다. 각각에 대하여 많은 이슈가 포함될 수 있다. 예를 들어 건물이라는 유형자산의 경우에 다음과 같은 많은 이슈가 포함된다.

최초 측정(Measurement at initial recognition)

- 현금취득
- 차입원가
- 사후처리부채

- 이연지급
- 자산교환
- 기부
- 사업결합을 통한 취득
- 주식기준보상거래로 취득 등

후속 측정(Subsequent Measurement)

- 원가모형과 재평가모형
- 감가상각과 감가상각의 측정단위
- 수익적 지출과 자본적 지출
- 회계추정의 변경 등

후속 측정과 관련하여 원가모형 대신에 재평가모형을 사용한다면 다양한 측정의 이슈가 있을 수 있다.

단계 6 : 제거(Derecognition)

제거란 항목이 재무제표에서 제거되어 하는지, 제거된다면 언제 얼마의 금액을 제거해야 하는가의 문제이다.

개념체계는 기업의 재무상태표에 자산을 최초로 인식해야 할 때의 개념(인식기준)을 제공하지만, 자산을 재무상태표에서 제거해야 할 때의 개념(제거기준)은 제공하지 않는다. 따라서 단계 3에서 파악한 적용가능한 기준서 수준에서 규정된 제거규정을 사용해야 한다. 강사는 교육참가자와 해당 기준서의 제거규정에 대하여 토론하여야 한다.

기준서의 제거기준은 기준서별로 동일하지 않은 경우도 있다. 또한 제거의 시점이 분명하지 않은 경우도 있다. 예를 들어 유형자산의 경우, 유형자산의 장부금액은 유형자산이 처분되거나, 사용이나 처분으로 미래 경제적 효익이 예상되지 않을 때 중 이른 시점에 제거하도록 규정하고 있다. 그러나 때로는 특정 자산의 인식기준을 더는 충족하지 못하더라도 자산의 제거가 반드시 일어나지는 않는다. 또한 인식된 자산이 자산의 정의를 더는 충족하지 못하더라도 반드시 제거해야 하는 것은 아니다. 따라서 제거에서는 이러한 각 기준서의 요구사항과 함께 예외사항에 대한 토론이 필요할 것이다.

2.2.3 그룹 3 : 표시와 공시

유용한 정보가 무엇인지를 파악하였고, 이 유용한 정보가 재무제표에 측정 · 인식되어야 한다고 결론을 내렸다면, 다음 단계는 어떻게 표시하고 어떤 정보를 공시할 것인가 하는 것이다. 일반적으로 표시란 재무제표의 본문에 어떻게 보여줄 것인가를 의미하고 공시란 주석에 어떤 정보를 어떻게 포함시킬 것인가를 의미한다.

단계 7 : 표시와 공시(Presentation and Disclosure)

기업의 재무제표에 무엇이 어떻게 표시되고 공시되어야 하는가 하는 문제이다. 개념체계의 내용 중 표시 및 공시와 가장 관련이 있는 부분은 충실한 표현이라는 질적 특성일 것이다. 재무보고서는 경제적 현상을 글과 숫자로 나타내는 것이기 때문에 재무정보가 유용하기 위해서는 나타내고자 하는 현상을 충실하게 표현해야 한다. 충실한 표현을 위해서는 서술에 세 가지의 특성이 있어야 한다. 서술은 완전하고, 중립적이며, 오류가 없어야 한다. 완전한 서술은 필요한 기술과 설명을 포함하여 정보이용자가 서술되는 현상을 이해하는 데 필요한 모든 정보를 포함하는 것이다. 표시 및 공시와 관련이 있는 개념체계의 내용으로는 비교가능성, 검증가능성, 적시성, 이해가능성 등의 보강적 질적 특성이 있다.

질적 특성 중 일부가 표시와 공시에 대한 개념을 보여주기는 하지만 현재 개념체계에는 표시와 공시에 대한 구체적 언급은 없다. 따라서 K-IFRS 제1001호와 단계 3에서 파악한 관련 기준서의 요구사항을 고려해야 한다. 개념체계에서 구체적으로 명시되어 있지 않더라도, 표시와 공시도 재무보고의 목적을 고려하여 유용한 정보를 제공한다는 재무보고의 목적을 성취하는 가장 적절한 형태로 표시와 공시가 이루어진다는 것을 강조해야 한다.

예를 들어 건물과 같은 유형자산에 대해서는 다음과 같은 사항을 표시 및 공시하도록 요구하고 있다.

〈표시와 관련된 규정〉

유형자산의 장부금액은 재무상태표에 별도 항목으로 표시한다. 이용자의 경제적 의사결정 목적에 가장 유용하도록 해당 정보를 나타내기 위하여 유형자산(재화나 서비스의 생산 또는 공급이나 관리목적으로 사용하는 경우), 투자부동산(임대수익 또는 시세차익이나 두 가지 모두를 얻기 위하여 보유하는 경우), 재고자산(정상적인 사업과정에서 판매목적으로 보유하는 경우)으로 분류한다. 더욱이 토지(비유동자산)의 장부금액이 계속사용이 아닌 매각거래를 통하여 주로 회수될 것이라면 이를 매각예정자산으로 분류한다.

〈공시와 관련된 규정〉

- 재무제표 작성 근거와 사용한 구체적인 회계정책에 대한 정보
- 미래에 대한 가정과 보고기간 말의 추정 불확실성에 대한 기타 주요 원천에 대한 정보
- 회계정책을 적용하는 과정에서 추정에 관련된 공시와는 별도로, 재무제표에 인식되는 금액에 유의적인 영향을 미친 경영진의 판단
- K-IFRS에서 요구하는 정보이지만 재무제표 어느 곳에도 표시되지 않는 정보
- 재무제표 어느 곳에도 표시되지 않지만 재무제표를 이해하는 데 목적적합한 정보

2.2.4 그룹 4 : 추가 고려사항

단계 8 : 유용한 재무보고에 대한 원가와 효익의 균형(The Cost Constraint on Useful Financial Reporting)

원가는 재무보고로 제공될 수 있는 정보에 대한 포괄적 제약요인이다. 재무정보의 보고에는 원가가 소요되고, 해당 정보 보고의 효익이 그 원가를 정당화한다는 것이 중요함을 이해시켜야 한다.

정보를 제공하기 위해서는 원가가 소요되며 해당 정보로부터의 효익이 그 원가를 정당화할 수 있을 때만 제공되어야 한다. 따라서 근본적 질적 특성을 가진 정보의 보강적 질적 특성을 극대화하면 가장 유용한 정보를 제공할 수 있겠지만, 원가제약요인으로 인해 보강적 질적 특성을 극대화시키지 못할 수도 있다. 또한, 원가제약요건으로 인해 가장 목적적합한 정보보다 덜 목적적합한 정보가 제공될 수도 있다.

본질적인 주관성 때문에, 재무정보의 특정 항목 보고의 원가 및 효익에 대한 평가는 개인마다 달라진다. 또한 보고기업마다 다를 수 있다. 그러나 원가와 효익의 균형을 고려함에 있어서는 일반적으로 개별 보고기업과 관련된 것보다는 재무보고 전반적으로 원가와 효익을 고려한다. 그렇다고 원가와 효익의 평가가 동일한 보고 요구사항을 모든 기업에 대해 언제나 정당화한다는 것을 의미하는 것은 아니다. 기업규모의 차이, 자본조달방법(공모 또는 사모)의 차이, 정보이용자 요구의 차이, 그 밖의 다른 요인 때문에 달리하는 것이 적절할 수도 있다.

원가 · 효익의 제약은 단계 1부터 7까지의 전 단계에서 고려해야 한다. 그러나 원가 · 효익의 제약이 많이 적용되는 분야는 측정일 것이다. K-IFRS에서는 특히 최초 인식 후의 측정에 대해 서로 다른 분류의 자산에 대해 다른 측정방식을 규정한다. 예를 들면 최초 인식 후에 다음과 같이 측정한다. 따라서 왜 이러한 선택적 대안을 제시하는지를 이해하고 언제 어느 대안을 선택하는 것이 더 유용한 정보를 제공하는지를 판단할 수 있도록 도와주어야 한다.

- 금융자산은 공정가치나 상각후원가로 측정
- 재고자산은 취득원가와 순실현가능가치 중 낮은 금액으로 측정
- 관계기업투자는 지분법을 사용하여 측정
- 무형자산과 유형자산은 원가모형이나 재평가모형을 사용하여 측정
- 투자부동산은 원가모형이나 공정가치모형을 사용하여 측정
- 농림어업활동과 관련된 생물자산은 추정 매각대금에서 매각부대원가를 차감한 금액(이하 '순공정가치')으로 측정
- 매각예정비유동자산은 순공정가치와 장부금액 중 낮은 금액으로 측정

2.3 FBT의 접근법

FBT의 접근법(Approach)은 반복되는 사례들에 대하여 기계적으로 외운 회계기준을 적용할 수 있도록 교육하는 방법이 아니다. 그 대신 (1) 원칙중심의 회계기준 요구사항을 다양한 사례에 적용하고, (2) 구체적 요구사항이 없을 경우에는 기존의 회계기준에 근거하여 적용가능한 기준을 만들어 적용할 수 있도록 해주며, (3) 기준이 변경되었을 때 스스로 이해할 수 있는 사고력을 길러주는 것이 FBT의 목적이다. 이를 위하여 다음과 같은 FBT 접근방법을 고려할 수 있을 것이다.

2.3.1 Open-book approach

FBT 접근법은 교육참가자들이 기준을 외우고 상황에 맞는 기준을 잘 찾

도록 돕는 접근법이 아니다. FBT 접근법은 기준을 적용하고 스스로 생각하도록 돕는 접근법이다. 따라서 Closed-book approach를 사용하여 기준을 외우도록 할 필요가 없다. Open-book approach를 사용하여 외우는 것을 피하고 기준과 개념체계의 원칙을 적용하는 데 관심을 갖도록 유도해야 한다. Open-book approach는 또한 회계사들이 회계기준을 적용하고 해석하는 실무에서 실제로 이루어지는 환경을 반영하는 것이다. 이를 위해서 기초반에서는 기준서나 개념체계의 일부를 발췌하여 수업에 지참하도록 할 수 있다. 중급반이나 고급반에서는 기준서와 결론근거, IASB에서 토론에 사용하는 staff paper 등을 교육참가자들과 공유할 수도 있다.

2.3.2 Case-based approach

스스로 생각하여 기준을 적용하고 판단할 수 있도록 도와주는 가장 좋은 방법은 사례를 사용하여 교육참가자로 하여금 생각하도록 하는 방법일 것이다. 사례는 매우 복잡한 것일 필요는 없다. 간단한 사례라고 하더라도 교육참가자들이 스스로 생각하고 개념과 기준서의 요구사항을 적용할 수 있다면 좋은 사례이다.

Case-based approach를 사용함에 있어서 단순히 회계개념을 교육참가자들에게 일방적으로 전하는 강의에 의존해서는 안 된다. 교육참가자들이 스스로 생각하고 판단하며, 결정할 수 있도록 도와주기 위해서는 교육참가자와의 활발한 토론이 필요하다. 활발한 토론을 통하여 교육참가자는 스스로 생각하는 능력을 배양하는 동시에 다양한 시각을 접할 수 있게 될 것이다. 또한 Case-based approach를 적용함에 있어서, 적절한 질문은 매우 중요하다. 적절한 질문은 토론과 이해의 기반을 제공할 뿐 아니라 효과적인 학습을 유도하기 때문이다. Case-based approach에 대해서는 본 교재의 제4장 '사례를 활용한 FBT 전달방법'에서 자세히 설명한다.

2.4 FBT의 적용

본장에서는 다음의 예제에 FBT의 구조를 적용하여 단계별로 살펴본다. 이 예제를 이용하여 각 단계를 따라가면 앞서 설명한 FBT의 구조를 보다 잘 이해할 수 있을 것이다.

네버랜드리조트(주)는 20X0년 제주도에 설립되었으며, 메인 테마파크인 네버랜드를 통해 우리나라의 여가 문화를 선도하고 있다. 네버랜드는 총 5개의 파크로 이루어져 있는데, 이 중 애니멀파크는 100만 평방미터 부지 위에 사자, 호랑이 등의 맹수 이외에 코끼리, 기린 등 200종 3,000여 마리의 동물들이 전시되어 있는 국내 최대 규모의 동물원이다.

20X5년 회사는 수익성을 향상시키기 위해 애니멀파크 내에 50만 평방미터 규모의 사파리월드를 건설하기로 결정하였다. 사파리월드에서 방문자들은 다양한 동물들을 매우 가까운 거리에서 볼 수 있고, 특히 맹수들을 눈앞에서 만나 직접 먹이를 주고 교감할 수 있다. 네버랜드리조트(주)는 사파리월드가 국내 관광객뿐만 아니라 주변국의 관광객도 매료시킬 수 있다고 생각하고 있다. 이에 따라 회사는 사파리월드를 위하여 3년간에 걸쳐 고급스런 사파리 별장도 건축중이다.

20X7년은 대부분의 사파리 별장이 완공되는 해이다. 일부 시설과 별장이 완성되어서 사파리월드는 4월에 영업을 시작하였으며 사파리월드와 관련된 아래와 같은 사건들이 20X7년에 있었다.

1. 20X7년 1월 31일 네버랜드리조트(주)의 사파리월드 웹사이트가 개설되었고, 이를 위하여 1억원의 개발원가가 소요되었다. 이 웹사이트는 사파리월드와 고객들을 연결시켜 주는 주된 고리이다. 이 웹사이트는 사파리별장, 사파리투어, 체험관광 등에 관한 많은 정보를 제공한다. 고객들은 이 웹사이트를 통하여 직접 사파리월드 관광을 신청하고 대금을 결제할 수 있다.
2. 20X7년 2월과 3월에 네버랜드리조트(주)는 주요 세계 레저 및 여행잡지를 대상으로 사파리월드에 대한 대규모 광고캠페인을 진행하였다(3천만원). 또한 회사는 중국, 일본, 싱가포르 등의 주변국 박람회에 참석하였고(2천만원), 고객들에게 광고홍보물을 송부하는 등 홍보활동을 하였다. 회사가 중국, 일본, 싱가포르 등에서 사파리월드 및 별장을 홍보하는 활동과 관련된 원가에 대하여 제주도지자체로부

터 정부보조금 1천만원을 받았다.

3. 네버랜드리조트(주)의 사파리월드는 20X7년 4월에 영업을 시작하였고 20X7년 약간의 영업손실이 발생하였다. 그러나 이 영업손실은 첫해 영업에서 예상한 손실보다 매우 작은 것이다.
4. 네버랜드리조트(주)의 사파리월드 토지에서 생태교란을 유발하고 동물에 피해를 주는 생태교란식물인 애기수영이 번식하여 대대적인 방제작업을 하였다. 이를 방제하는 데 사용할 약품의 구입에 2천만원을, 약품살포장비와 제초용 칼의 구입에 5천만원을 사용하였다.

2.4.1 그룹 1 : 경제적 현상과 유용한 정보

단계 1 : 경제적 현상(Economic phenomenon)과 유용한 정보(Useful Information)

질문 1

본 예제에서 경제적 현상은 무엇인가?

20X7년에 네버랜드리조트(주)에서 발생한 경제적 현상은 다음의 네 가지로 요약된다.

(1) 웹사이트 개설
(2) 광고캠페인과 정부보조금
(3) 영업손실
(4) 미사용 약품, 약품살포장비, 제초용 칼에 대한 지출

질문 2

경제적 현상에 대하여 유용한 정보는 무엇인가?

유용한 정보는 보고기업의 재무상태에 관한 정보, 즉 경제적 자원과 청구권에 관한 정보 및 경제적 자원과 청구권을 변동시키는 거래와 그 밖의 사건의 영향에 대한 정보이다. 따라서 위의 네 가지 경제적 현상이 이들에 영향을 미치는지를 생각해 본다. 먼저, 정부보조금을 제외한 모든 경제적 현상은 기업의 경제적 자원을 유출시킴으로써 경제적 자원을 변동시키고 있다. 그런데 동시에 이들은 기업의 미래 현금유입을 창출할 수 있는 가능성을 가지고 있다. 이는 이들이 과거에 경제적 자원을 감소시키는 변동을 가지고 왔으나 미래의 경제적 효익을 창출하는 경제적 자원이 될 수 있는 가능성을 가지고 있음을 의미한다. 이에 더해서 이들이 창출하는 미래의 현금흐름은 시간이 지나감에 따라 또는 사용함에 따라 감소하게 될 것이다. 따라서 네 가지 경제적 현상 각각에 대하여 기업 외부의 정보이용자들은 다음과 같은 공통적인 정보욕구를 가질 것이다.

(1) 각각의 경제적 현상에 대한 지출 금액
(2) 각 지출이 미래의 경제적 효익을 가지는지(자산인지)
(3) 미래의 경제적 효익을 가진다면, 미래의 경제적 효익이 지출보다 더 큰지
(4) 미래의 경제적 효익을 가진다면 시간이 지나감에 따라 경제적 효익이 감소할 텐데, 어떻게 감소시켜나갈 것인지. 각 회계기간별로 어떻게 배분해야 하는지

정부보조금은 다른 경제적 현상과 다른 성격을 가지고 있다. 정부보조금은 현금의 유출이 아니라 유입이다. 또한 기업활동의 대가로 획득한 것이 아닌 광고캠페인 활동에 대하여 무상으로 정부로부터 지급받은 것이다. 경우에 따라서는 정부에 반환해야 하는 경우도 있다. 이들은 기업의 경제적 자원

과 청구권 그리고 이들의 변동과 관련이 있다. 따라서 정보이용자들은 다음과 같은 추가적인 정보를 요구할 것이다.

(1) 정부보조금으로 인한 유입 금액
(2) 정보보조금은 경제적 자원의 유출이 아니라 유입인데, 그렇다면 수익인지 현재의 의무인지. 정부가 청구권을 가지고 있는지
(3) 광고캠페인에 대한 지출과 정부보조금이 어떻게 관련되어 있는지

목적적합성과 관련된 질적 특성으로는 예측가치, 피드백가치, 중요성이 있다. 위의 네 가지 경제적 현상에 대한 정보는 예측가치를 가질 것이다. 각각이 미래현금흐름의 유입과 유출을 예측할 수 있게 해주기 때문이다. 네 가지 경제적 현상에 대한 정보는 또한 피드백가치를 가질 것이다. 하지만 미래현금흐름에 대한 정보가 있다면 피드백가치는 더욱 커질 것이다. 즉, 이들이 미래의 현금유입을 창출하기 위하여 필요한 지출인지, 미래에 창출할 현금흐름이 현재의 지출액보다 클 것인지 등에 대한 정보가 있다면 피드백가치는 향상될 것이다.

표현의 충실성은 완전성, 중립성, 무오류가 있다. 완전성이란 위의 네 가지 경제적 현상이 기업의 경제적 자원과 청구권 그리고 경제적 자원과 청구권의 변동에 영향을 미친다면 모두 고려(회계)대상에 포함되어야 함을 의미한다. 이에 더하여 미래의 현금유입 예측액보다 지출액이 더 많다면 지출액이 아닌 현금유입 예측액에 대한 정보(손상)를 제공해야 한다. 그렇지 않다면 완전성뿐만 아니라, 중립성 또한 위반하는 것이다. 기업에 유리한 정보만을 제공하기 때문이다.

본 사례는 중요성이라는 질적 특성을 판단하기 위한 충분한 정보를 제공하고 있지 않다. 또한 오류가능성에 대한 정보를 제공하지 않고 있다. 따라서 이들에 대한 논의는 쉽지 않을 것이다. 그러나 강사는 중요성에 대한 추가적 정보 또는 오류가 있는 경우를 가정하여 토론해 볼 수도 있다.

2.4.2 그룹 2 : 정의, 인식 그리고 측정

단계 2 : 식별(Identification)

각 경제현상에 대한 경제적 자원의 유출과 유입이 개념체계에서 제시하고 있는 다섯 가지의 요소 중 어느 것에 해당하는지를 식별해야 한다. 이를 위해서 경제적 자원이 유출된 경우(웹사이트, 광고캠페인, 영업손실, 미사용 약품, 약품살포장비, 제초용 칼)에는 자산인지 비용인지를 식별해야 하고, 경제적 자원이 유입(정부보조금)된 경우에는 부채인지 수익인지를 결정한다.

이를 위해서는 개념체계에 있는 자산과 부채의 정의를 사용한다. 개념체계는 자산과 부채에 대하여 다음과 같이 정의하고 있다(개념체계 4.4).

(1) 자산은 과거 사건의 결과로 기업이 통제하고 있고 미래 경제적 효익이 기업에 유입될 것으로 기대되는 자원이다.
(2) 부채는 과거 사건에 의하여 발생하였으며 경제적 효익을 갖는 자원이 기업으로부터 유출됨으로써 이행될 것으로 기대되는 현재의무이다.

이 두 요소의 정의는 과거 사건을 강조하고 있으나 본 예제에서는 경제현상이 모두 과거에 발생한 것이므로 이 요건을 충족시킨다. 따라서 아래에서는 과거 사건이라는 조건을 제외한 나머지 조건들의 충족여부에 대하여 설명한다.

질문 3

웹사이트는 네버랜드리조트(주)의 자산인가?

자산의 정의에 충족될 것이다. 웹사이트는 네버랜드리조트(주)가 통제하고 있고 미래의 경제적 효익의 유입(궁극적으로는 고객이 별장에 머물고 사파리투어에 참여함으로써 현금이 유입되는 형태)을 기대하면서 개발되고 있다. 이는 자산의 정의와 일치한다.

질문 4

광고캠페인 활동(예 : 박람회 참석)에 따른 지출은 네버랜드리조트(주)의 자산인가?
(인식기준과 관련 없이 정의만을 고려)

자산의 정의에 충족될 것이다. 광고캠페인에 대한 지출은 미래의 경제적 효익의 유입(궁극적으로는 별장에 머물고 관광에 참여함으로써 현금이 유입되는 형태)에 대한 기대로 이루어졌으며, 광고캠페인에 대한 지출은 아마도 네버랜드리조트(주)가 통제하는 무형자산(즉, 네버랜드리조트(주)의 사파리월드브랜드)을 창출할 것이기 때문이다.

자산의 인식요건 충족과 자산의 정의 충족을 혼동하면 안 된다. 아마도 광고캠페인 활동에 따른 지출이 창출할 미래의 경제적 효익은 매우 작거나, 그 경제적 효익이 유입될 가능성은 매우 낮을지도 모른다. 그렇다면 회계에서는 인식하지 않는다. 그렇다고 자산의 정의를 만족하지 못하는 것은 아니다.

질문 5

20X8년의 영업손실은 네버랜드리조트(주)의 자산인가?

자산의 정의를 충족하지 못할 것이다. 영업손실의 결과는 네버랜드리조트(주)가 통제한다고 볼 수 없고 미래에 네버랜드리조트(주)에 유입될 경제적 효익 또는 경제적 자원을 창출한다고 볼 수 없기 때문이다.

질문 6

미사용 약품, 약품살포장비, 제초용 칼은 네버랜드리조트(주)의 자산인가?

자산의 정의에 충족될 것이다. 정부보조금이 있고 약품의 사용에 법적인 제한이 있더라도 자원의 사용을 결정(통제)하였고, 그 결과 정부보조금도 수령하고 미래에 관광을 통해 현금의 유입을 증가(미래 경제적 효익)시킬 수 있기 때문이다.

질문 7

정부에서 지급받은 보조금은 부채로 계상해야 하는가?

부채의 정의에 충족되지 않을 것이다. 20X8년 12월 31일 현재 네버랜드리조트(주)는 수행해야 할 활동을 수행했으므로, 정부보조금을 위하여 더 이상 수행해야 할 의무나 조건이 없기 때문이다.

단계 3 : 분류(Classification)

분류는 식별이라는 대분류에서 한 걸음 더 나아가 중분류와 소분류로 구분하는 것을 의미한다. 또한 어떤 기준서가 적용되어야 하는지를 결정하는 과정이다.

질문 8

웹사이트 개설에 대한 지출과 광고캠페인에 대한 지출을 어떻게 분류하는가?

이들은 형체가 없는 자산이므로 무형자산의 정의를 충족하는지를 검토한다. K-IFRS 제1038호는 무형자산의 정의로 물리적 실체는 없지만 식별가능한 비화폐성자산일 것을 요구한다(문단 18). 웹사이트 개설과 광고캠페인에 대한 지출은 이 모든 조건을 충족하므로 모두 무형자산의 정의를 충족한다.

그러나 무형자산이라고 하여서 항상 K-IFRS 제1038호를 적용하는 것은 아니다. 문단 3은 이 기준서를 적용하지 않는 예로 다음을 나열하고 있다.

(1) 정상적인 영업과정에서 판매를 위하여 보유하고 있는 무형자산(기업회계기준서 제1002호 '재고자산'과 기업회계기준서 제1011호 '건설계약' 참조)
(2) 이연법인세 자산(기업회계기준서 제1012호 '법인세' 참조)
(3) 기업회계기준서 제1017호 '리스'의 적용범위에 해당하는 리스
(4) 종업원급여와 관련하여 발생하는 자산(기업회계기준서 제1019호 '종업원급여' 참조)
(5) 기업회계기준서 제1032호에서 정의된 금융자산. 일부 금융자산의 인식과 측정은 기업회계기준서 제1110호 '연결재무제표', 기업회계기준서 제1027호 '별도재무제표'와 기업회계기준서 제1028호 '관계기업과 공동기업에 대한 투자'에서 다룬다.
(6) 사업결합으로 취득하는 영업권(기업회계기준서 제1103호 '사업결합' 참조)
(7) 기업회계기준서 제1104호 '보험계약'의 적용범위에 해당하는 보험계약에서 보험자의 계약상 권리에서 발생하는 이연신계약비와 무형자산. 기업회계기준서 제1104호에서는 이연신계약비에 대한 특정 공시사항을 규정하고 있지만, 무형자산에 대한 공시사항은 제시하고 있지 않다. 따라서 이 기준서의 공시사항은 그러한 무형자산에 적용한다.
(8) 기업회계기준서 제1105호 '매각예정비유동자산과 중단영업'에 따라 매각예정으로 분류되는 (또는 매각예정으로 분류되는 처분자산집단에 포함되어 있는) 비유동 무형자산

웹사이트 개설에 대한 지출과 광고캠페인에 대한 지출이 위의 예외사항에 해당하는지를 검토해야 한다. 이들은 위의 어느 것에도 해당하지 않으므로 K-IFRS 제1038호를 적용하여 회계처리한다. 단, 웹사이트에 대해서는 K-IFRS

제2031호가 존재한다. 따라서 웹사이트의 회계처리에 대해서는 이를 적용해야 한다. K-IFRS 제2031호는 다음과 같이 규정하고 있다.

> 자체적으로 개발한 웹사이트는 인식과 최초 측정을 규정한 기업회계기준서 제1038호 문단 21에서 설명하고 있는 일반적인 조건뿐만 아니라 기업회계기준서 제1038호 문단 57의 조건을 모두 충족하는 경우에만 무형자산으로 인식한다. 특히, 웹사이트가 수익을 창출할 수 있을 때(예 : 웹사이트에서 이루어진 주문접수를 통해 수익을 직접 발생시키는 경우) 웹사이트가 어떻게 미래 경제적 효익을 창출할지를 제시하도록 하는 기업회계기준서 제1038호 문단 57(4)의 요건을 충족시킬 수 있을 것이다. 기업이 주로 자체의 재화와 용역의 판매촉진과 광고를 위해 웹사이트를 개발한 경우에는 그 웹사이트가 어떻게 미래 경제적 효익을 창출할지를 제시할 수 없다. 따라서 이러한 웹사이트 개발에 대한 모든 지출은 발생시점에 비용으로 인식한다(문단 8).

본 예제에서는 고객들이 이 웹사이트를 통하여 직접 사파리관광을 신청하고 대금을 결제할 수 있다. 따라서 K-IFRS 제1038호에서 정의한 내부적으로 창출한 무형자산으로 인식할 수 있을 것이다.

질문 9

미사용 약품, 약품살포장비, 세초용 칼에 대한 지출을 어떻게 분류하는가?

이들은 유형의 자산이므로 K-IFRS 제1016호 '유형자산'을 적용할 수 있는지를 검토한다. K-IFRS 제1016호는 유형자산을 '재화나 용역의 생산이나 제공, 타인에 대한 임대 또는 관리활동에 사용할 목적으로 보유하는 물리적 형태가 있는 자산으로서 한 회계기간을 초과하여 사용할 것이 예상되는 자산(문단 6)'이라고 정의하고 있다.

이 정의에 의하면 약품살포장비와 제초용 칼은 유형자산의 정의에 부합한다고 할 수 있을 것이다(아래의 토의에서 미사용 약품은 본 예제에서 유형자산의 정의를 충족한다고 가정한다). 그러나 미사용 약품의 경우에는 한 회계기간을 초과하여 사용할 것이 예상되는지를 고려해야 한다. 미사용 약품이 K-IFRS 제1002호의 재고자산에 해당하는지를 토론하는 것도 매우 유용할 것이다.

성격상 유형자산이라고 하더라도 구체적으로 어떤 기준서를 적용해야 하는 지를 검토해야 한다. K-IFRS 제1016호 문단 3은 동 기준서가 적용되지 않은 범위에 대해서 다음과 같이 규정하고 있다.

> 문단 3. 다음의 경우에는 이 기준서를 적용하지 아니한다.
>
> (1) 기업회계기준서 제1105호 '매각예정비유동자산과 중단영업'에 따라 매각예정으로 분류되는 유형자산
>
> (2) 농림어업활동과 관련되는 생물자산(기업회계기준서 제1041호 '농림어업' 참조)
>
> (3) 탐사평가자산의 인식과 측정(기업회계기준서 제1106호 '광물자원의 탐사와 평가' 참조)
>
> (4) 석유, 천연가스, 이와 유사한 비재생 자원과 같은 매장광물과 광업권
>
> 그러나 (2)~(4)의 자산을 개발하거나 유지하기 위하여 사용하는 유형자산에는 이 기준서를 적용한다.

본 예제의 미사용 약품, 약품살포장비, 제초용 칼에 대한 지출은 위의 예외사항에 해당하지 않으므로 K-IFRS 제1016호를 적용할 수 있을 것이다.

질문 10

정보보조금을 어떻게 분류하는가?

정부보조금 및 자산관련보조금과 관련된 회계처리는 K-IFRS 제1020호에서 규정하고 있다. 제1020호는 정부보조금과 자산관련보조금을 다음과 같이 정의하고 있다(문단 3).

> 정부보조금 : 기업의 영업활동과 관련하여 과거나 미래에 일정한 조건을 충족하였거나 충족할 경우 기업에게 자원을 이전하는 형식의 정부지원. 합리적으로 가치를 산정할 수 없는 정부지원과 기업의 정상적인 거래와 구분할 수 없는 정부와의 거래는 제외한다.

자산관련보조금 : 정부지원의 요건을 충족하는 기업이 장기성 자산을 매입, 건설하거나 다른 방법으로 취득하여야 하는 일차적 조건이 있는 정부보조금. 부수조건으로 해당 자산의 유형이나 위치 또는 자산의 취득기간이나 보유기간을 제한할 수 있다.

본 예제의 경우에는 기업의 영업활동과 관련하여 과거나 미래에 일정한 조건을 충족하였거나 충족할 경우 기업에게 자원을 이전하는 형식의 정부지원이라는 정부보조금의 정의에 부합하므로, 정부보조금으로 분류할 수 있을 것이다.

단계 4 : 인식(Recognition)

인식과 관련해서는 두 가지 이슈가 있다. 첫째는 개념체계가 제시하는 인식기준을 충족하는가 하는 것이다. 둘째는 회계단위(the unit of account)의 이슈이다.

질문 11

20X3년에 식별된 자산 중에서 K-IFRS에 따라 네버랜드리조트(주)가 자산으로 인식할 수 없는 것이 있는가? 있다면 어떤 것인지 그리고 그 이유는 무엇인가?

이 질문은 예제의 웹사이트, 광고캠페인 활동에 따른 지출, 미사용 약품, 약품살포장비, 제초용 칼에 대한 지출이 인식기준을 충족하는가에 대한 것이다. 개념체계는 다음 기준을 모두 충족한다면 재무제표에 인식되어야 한다고 규정하고 있다(문단 4.38).

(1) 그 항목과 관련된 미래 경제적 효익이 기업에 유입되거나 기업으로부터 유출될 가능성이 높다.
(2) 그 항목의 원가 또는 가치를 신뢰성 있게 측정할 수 있다.

예제의 항목 중 미사용 약품, 약품살포장비, 제초용 칼에 대한 지출은 위의 두 인식조건을 만족한다. 따라서 인식과 관련하여 특별한 이슈가 없다. 예제에서 인식과 관련되어 특별히 유의할 항목은 웹사이트, 광고캠페인 활동에 따른 지출일 것이다. 이들이 내부에서 창출한 무형자산이기 때문이다. 내부적으로 창출한 무형자산은 때때로 내부적으로 만들어진 영업권을 유지하거나 향상시키는 데 소요된 원가와 또는 매일매일의 영업을 위해 소요되는 비용과 구별하기가 어려운 경우가 많다. 따라서 내부적으로 창출한 무형자산의 인식을 위해서는 K-IFRS 제1038호 문단 52~67의 규정을 추가적으로 고려해야 한다. 이 문단 중 일부를 발췌하면 다음과 같다.

내부적으로 창출한 무형자산이 인식기준을 충족하는지를 평가하기 위하여 무형자산의 창출과정을 연구단계와 개발단계로 구분한다. '연구'와 '개발'은 정의되어 있지만, '연구단계'와 '개발단계'라는 용어는 이 기준서의 목적상 더 넓은 의미를 갖는다(문단 52).

무형자산을 창출하기 위한 내부 프로젝트를 연구단계와 개발단계로 구분할 수 없는 경우에는 그 프로젝트에서 발생한 지출은 모두 연구단계에서 발생한 것으로 본다(문단 53).

연구(또는 내부 프로젝트의 연구단계)에서 발생하는 무형자산을 인식하지 않는다. 연구(또는 내부 프로젝트의 연구단계)에 대한 지출은 발생시점에 비용으로 인식한다(문단 54).

내부 프로젝트의 연구단계에서는 미래 경제적 효익을 창출할 무형자산이 존재한다는 것을 제시할 수 없기 때문에, 내부 프로젝트의 연구단계에서 발생한 지출은 발생시점에 비용으로 인식한다(문단 55).

다음 사항을 모두 제시할 수 있는 경우에만 개발활동(또는 내부 프로젝트의 개발단계)에서 발생한 무형자산을 인식한다(문단 57).

(1) 무형자산을 사용하거나 판매하기 위해 그 자산을 완성할 수 있는 기술적 실현가능
(2) 무형자산을 완성하여 사용하거나 판매하려는 기업의 의도
(3) 무형자산을 사용하거나 판매할 수 있는 기업의 능력
(4) 무형자산이 미래 경제적 효익을 창출하는 방법. 그중에서도 특히 무형자산의 산출물이나 무형자산 자체를 거래하는 시장이 존재함을 제시할 수 있거나 또는 무형자산을 내부적으로 사용할 것이라면 그 유용성을 제시할 수 있다.

(5) 무형자산의 개발을 완료하고 그것을 판매하거나 사용하는 데 필요한 기술적, 재정적 자원 등의 입수가능성
(6) 개발과정에서 발생한 무형자산 관련 지출을 신뢰성 있게 측정할 수 있는 기업의 능력

개발단계는 연구단계보다 훨씬 더 진전되어 있는 상태이기 때문에 어떤 경우에는 내부 프로젝트의 개발단계에서는 무형자산을 식별할 수 있으며, 그 무형자산이 미래 경제적 효익을 창출할 것임을 제시할 수 있다(문단 58).

이에 따르면 웹사이트에 대한 지출(K-IFRS 제2032호 또한 참조)의 경우, 무형자산으로 인식할 수 있으나 문단 57에 제시된 조건을 모두 만족시킨 이후(예를 들면, 네버랜드리조트(주)가 웹사이트가 미래에 경제적 효익을 창출할 가능성이 높음을 증명할 수 있는 시점)에 지출된 것만을 무형자산으로 인식할 수 있다. 그 시점 이전의 지출은 발생시점에 모두 비용으로 처리해야 한다.

광고캠페인 활동에 따른 지출은 무형자산의 정의를 충족하지만 무형자산으로 인식할 수는 없을 것이다. K-IFRS 제1038호 문단 69는 광고 및 판매촉진 활동을 위한 지출(우편 주문 카탈로그 포함)은 발생시점에 비용으로 인식하도록 하고 있기 때문이다. 또한 광고캠페인 활동에 따른 지출이 무형자산이 아니라 당기 비용으로 인식되어야 하기 때문에, 이와 관련하여 정부로부터 수취한 정부보조금도 수익관련보조금으로 인식하여 당기손익의 일부로 인식한다(K-IFRS 제1020호 문단 29). 이와 같이 세부 항목으로의 분류는 때때로 인식 단계에서 결정되기도 한다.

질문 12

예제에서 회계단위와 관련하여 판단이 필요한 항목은 무엇인가? 그 항목에 대하여 네버랜드리조트(주)가 적용해야 할 '회계단위'는 무엇인가?

예제에서 회계단위가 이슈가 되는 것은 제초용 칼일 것이다. 단위당으로는 값이 비싸지 않은 동일한 칼을 다량으로 구입했을 것이기 때문이다. 이

경우 칼 하나하나를 회계단위로 볼지, 같은 종류의 칼을 묶어 하나의 회계단위로 볼지, 모든 칼을 하나로 묶어 하나의 회계단위로 볼지를 결정해야 한다. 이 경우 다양한 답이 가능할 것이다. 왜냐하면 K-IFRS 제1016호가 유형자산의 회계단위에 대하여 규정하고 있지 않기 때문이다. 그렇다고 하더라도 중요성의 원칙에 따라 결정이 이루어짐은 토의할 수 있다. 그러나 이때의 회계단위는 감가상각의 단위를 의미하지 않음을 분명히 해야 한다.

단계 5 : 측정(Measurement)

인식해야 한다면, 측정해야 한다. 측정은 재무상태표와 포괄손익계산서에 인식되고 평가되어야 할 재무제표 요소의 화폐금액을 결정하는 과정이다. 측정은 최초 측정과 후속 측정으로 구분할 수 있다.

질문 13

최초 측정 : 최초 인식시점에 웹사이트, 미사용 약품, 약품살포장비, 제초용 칼에 대한 지출은 어떤 금액으로 측정되어야 하는가?

K-IFRS 제1016호(문단 15~28)와 제1038호(문단 51~67)는 최초에 유형자산과 내부적으로 창출한 무형자산을 취득했을 경우의 측정에 대하여 구체적 규정을 제시하고 있다. 유형자산의 경우, 인식하는 유형자산은 원가로 측정하며(문단 15), 원가는 인식시점의 현금가격상당액이다(문단 23). 유형자산의 원가는 다음을 모두 포함한다(문단 16).

(1) 관세 및 환급불가능한 취득 관련 세금을 가산하고 매입할인과 리베이트 등을 차감한 구입가격

(2) 경영진이 의도하는 방식으로 자산을 가동하는 데 필요한 장소와 상태에 이르게 하는 데 직접 관련되는 원가

(3) 자산을 해체, 제거하거나 부지를 복구하는 데 소요될 것으로 최초에 추정되는 원가.

> 회사가 자산을 해체, 제거하거나 부지를 복구할 의무는 해당 유형자산을 취득한 시점에 또는 해당 유형자산을 특정기간 동안 재고자산 생산 이외의 목적으로 사용한 결과로서 발생한다.

본 예제의 유형자산인 미사용 약품, 약품살포장비, 제초용 칼은 위의 규정 중 (1)과 (2)에 관련될 것이다. 이 중 일반적으로 판단이 필요한 부분은 (2)이지만 본 예제의 경우는 비교적 간단하다. 특성상 취득시점이 미사용 약품, 약품살포장비, 제초용 칼이 경영진이 의도하는 방식으로 자산을 사용하는데 필요한 장소와 상태에 이르게 하는 시점일 것이다. 따라서 측정은 취득시점까지의 지출이 포함될 것이다.

최초 인식시점에 웹사이트의 원가를 측정함에 있어서는 추가적인 판단과 추정이 필요하다. 왜냐하면 웹사이트의 개발을 위한 지출이 자산화되는 시점(즉, 개발시점-K-IFRS 2032 문단 9(B) 참조)에 대한 판단이 필요하기 때문이다. 시점에 대한 판단이 이루어지면, 그 시점 이전까지의 금액을 측정하여 비용으로, 그 시점 이후의 금액을 측정하여 무형자산으로 인식해야 할 것이다.

본 예제에서 (3) 자산을 해체, 제거하거나 부지를 복구하는 데 소요될 것으로 최초에 추정되는 원가를 고려할 필요는 없다. 그러나 강사는 사파리월드가 후에 폐업시 제주도지자체가 원상태로 복구하도록 요구할 것을 가정하여 토의를 진행할 수 있을 것이다.

질문 14

후속 측정-감가상각(상각) : 유형(무형)자산의 후속 측정과 관련된 가장 중요한 이슈는 감가상각(상각)이다. 미사용 약품, 약품살포장비, 제초용 칼, 웹사이트와 같은 유형(무형)자산의 감가상각(상각)과 관련해서는 다음과 같은 다양한 이슈가 있다. 각각에 대하여 답하라.

질문 14A

항목의 구성요소를 별도로 구분하여 감가상각해야 하는가?(감가상각의 회계단위)

K-IFRS 제1016호 문단 43~47은 감가상각의 구성요소에 대하여 규정하고 있는데, 그 주요 내용은 '유형자산을 구성하는 일부의 원가가 당해 유형자산의 전체원가에 비교하여 유의적이라면, 해당 유형자산을 감가상각할 때 그 부분은 별도로 구분하여 감가상각한다(문단 43)'는 것이다. 본 예제에서 20X3년에 취득한 감가상각대상 자산은 별도로 구분하여 감가상각해야 할 정도로 유의적인 것은 없다. 따라서 일부를 전체에서 구분하여 별도로 감가상각할 필요는 없을 것으로 보인다.

질문 14B

어떤 감가상각(상각)방법을 사용하여야 하는가?

여기서 주요 이슈는 감가상각(상각)방법이 자산의 미래 경제적 효익이 소비되는 형태를 반영해야 한다는 것이다(K-IFRS 제1016호 문단 60, K-IFRS 제1038호 문단 97). 단, 무형자산의 경우에는 소비되는 형태를 신뢰성 있게 결정할 수 없는 경우에는 정액법을 사용해야 한다.

미래 경제적 효익이 소비되는 형태를 고려할 때, 미사용 약품은 매기간의 사용량에 따라 감가상각하는 사용량비례법을 적용할 수 있을 것이다. 약품살포장비, 제초용 칼, 웹사이트는 정액법을 적용할 수 있을 것이다. 왜냐하면 이들의 미래 경제적 효익은 기대 내용연수 전체에 걸쳐 일정하게 소비되거나, 소비되는 형태를 신뢰성 있게 결정할 수 없는 경우에 해당하기 때문이다.

질문 14C

잔존가치는 각각 얼마로 추정하는가?

미사용 약품, 약품살포장비, 제초용 칼의 잔존가치는 0이라고 예측할 수 있다. 미사용 약품은 모두 사용할 것이고, 약품살포장비와 제초용 칼의 경우는 내용연수 종료시점에 처분하여 획득할 금액이 매우 적을 것이기 때문이다. 웹사이트의 경우에도 잔존가치는 0이라고 예측할 수 있을 것이다. K-IFRS 제1038호 문단 100은 다음과 같이 구체적으로 무형자산의 잔존가치를 규정하고 있는데, 네버랜드리조트(주)의 필요성에 맞추어 제작한 웹사이트는 활성시장이 없을 것이기 때문이다. 내용연수가 유한한 무형자산의 잔존가치는 다음 중 하나에 해당하는 경우를 제외하고는 영(0)으로 본다.

(1) 내용연수 종료 시점에 제3자가 자산을 구입하기로 한 약정이 있다.
(2) 무형자산의 활성시장(기업회계기준서 제1113호에 정의되어 있음)이 있고 다음을 모두 충족한다.
 (가) 잔존가치를 그 활성시장에 기초하여 결정할 수 있다.
 (나) 그러한 활성시장이 내용연수 종료 시점에 존재할 가능성이 높다.

질문 14D

내용연수는 각각 어떻게 결정하는가?

감가상각은 자산이 사용가능한 때부터 시작한다. 즉, 경영진이 의도하는 방식으로 자산을 가동하는 데 필요한 장소와 상태에 이른 때부터 시작한다. 미사용 약품, 약품살포장비, 제초용 칼은 매입시점에 감가상각을 시작할 것이다. 웹사이트는 제작 이후 사용가능하게 된 시점부터 상각을 시작할 것이다.

감가상각은 자산이 매각예정자산으로 분류되는(또는 매각예정으로 분류되는 처분자산집단에 포함되는) 날과 자산이 제거되는 날 중 이른 날에 중지한다. 따라서 유형자산이 운휴중이거나 적극적인 사용상태가 아니어도, 감가상각이 완전히 이루어지기 전까지는 감가상각을 중단하지 않는다(K-IFRS 제1016호 문단 55). 무형자산 기준서의 내용도 유사하다(K-IFRS 제1038호 문단 97). 따라서 예제의 대부분의 유형자산 및 무형자산에 대하여 처분되거나 제거되는 날까지 감가상각을 중지하지 않는다. 단, 미사용 약품에 대해서 유형자산의 사용정도에 따라 감가상각을 하는 방법(생산량비례법)을 적용한다면, 생산활동이 이루어지지 않을 때 감가상각액을 인식하지 않을 수 있다.

따라서 네버랜드리조트(주)는 (1) 각각의 유·무형자산을 언제까지 사용할 것인가와 (2) 미사용 약품의 경우는 매년 얼마를 소비할 것인가를 추정해야 한다. 단, 웹사이트의 경우, IT기술의 발전 속도를 감안할 때 내용연수가 길지는 않을 것이라고 예측할 수 있다.

질문 15

후속 측정-재평가모형 : 본 예제에서는 재평가모형을 가정하고 있지는 않다. 그러나 네버랜드리조트(주)가 유·무형자산에 대하여 재평가모형을 사용한다고 가정한다면 고려해야 할 측정요소는 무엇인가?

K-IFRS 제1016호 문단 31은 '최초 인식 후에 공정가치를 신뢰성 있게 측정할 수 있는 유형자산은 재평가일의 공정가치에서 이후의 감가상각누계액과 손상차손누계액을 차감한 재평가금액을 장부금액으로 한다'고 규정하고 있다. 또한 재평가는 보고기간 말에 자산의 장부금액이 공정가치와 중요하게 차이가 나지 않도록 주기적으로 수행하도록 요구하고 있다.

따라서 네버랜드리조트(주)의 유형자산인 미사용 약품, 약품살포장비, 제초용 칼의 최초 인식 후의 공정가치를 신뢰성 있게 측정할 수 있다면 이들에 대하여 재평가모형을 적용할 수 있다. 재평가모형을 적용한다면 주기적으로 공정가치 평가를 해야 한다. 그 외의 자세한 회계처리는 K-IFRS 제1016호 문단 31~42를 참조한다.

무형자산에 대한 재평가모형도 유형자산의 재평가모형과 크게 다르지 않다(K-IFRS 제1038호 문단 75~87). 그러나 문단 75는 무형자산의 공정가치는 활성시장을 기초로 하여 측정한다고 구체적으로 설명하고 있다. 본 예제에서 무형자산인 웹사이트는 네버랜드리조트(주)의 영업에 맞추어 제작한 것으로 활성시장이 있다고 보기 어려울 것이다. 따라서 웹사이트에 대하여 재평가모형을 적용하기는 어려울 것으로 보인다.

단계 6 : 제거(Derecognition)

질문 16

본 예제의 유형자산과 무형자산은 언제 제거하는가?

개념체계는 기업의 재무상태표에 자산을 최초로 인식해야 할 때의 개념(인식기준)을 제공하지만, 자산을 재무상태표에서 제거해야 할 때의 개념(제거기준)은 제공하지 않는다. 따라서 기준서 수준에서 규정된 제거규정을 사용해야 한다.

유형자산과 무형자산의 제거에 대한 규정은 다음과 같이 유사하다.

유형자산의 장부금액은 다음과 같은 때에 제거한다(K-IFRS 제1016호 문단 67)
(1) 처분하는 때
(2) 사용이나 처분을 통하여 미래 경제적 효익이 기대되지 않을 때

무형자산은 다음의 각 경우에 재무상태표에서 제거한다(K-IFRS 제1038호 문단 112).
(1) 처분하는 때
(2) 사용이나 처분으로부터 미래 경제적 효익이 기대되지 않을 때

유형자산인 미사용 약품, 약품살포장비, 제초용 칼은 위의 두 시점 중 이

른 시점에 제거한다. 단, 네버랜드리조트(주)의 무형자산인 웹사이트는 네버랜드리조트(주)의 영업에 맞추어 제작한 것이므로 처분은 어려울 것이다. 따라서 사용이나 처분으로부터 미래 경제적 효익이 기대되지 않을 때 제거될 것이며, 따라서 제거시 당기손익에 미치는 영향은 없을 것이다.

2.4.3 그룹 3 : 표시와 공시

단계 7 : 표시와 공시(Presentation and disclosure)

질문 17

웹사이트, 광고캠페인, 미사용 약품, 약품살포장비, 제초용 칼에 대한 지출은 어떻게 표시되고 공시되어야 하는가?

질적 특성 중 일부가 표시와 공시에 대한 개념을 보여주기는 하지만 현재 개념체계에는 표시와 공시에 대한 구체적 언급은 없다. 따라서 관련 기준서(K-IFRS 제1001호, 제1016호, 제1038호)의 요구사항을 고려해야 한다.

유형(무형)자산의 장부금액은 재무상태표에 별도 항목으로 표시한다. 또한 감가상각비(상각비)는 유형(무형)자산의 취득가액에서 차감하여 표시한다. 유형(무형)자산이 계속사용이 아닌 매각거래를 통하여 주로 회수될 것이라면 이를 매각예정으로 분류한다.

추가로 공시와 관련해서는 다음을 공시해야 한다.

- 재무제표 작성 근거와 사용한 구체적인 회계정책에 대한 정보
- 미래에 대한 가정과 보고기간 말의 추정 불확실성에 대한 기타 주요 원천에 대한 정보
- 회계정책을 적용하는 과정에서 추정에 관련된 공시와는 별도로, 재무제

표에 인식되는 금액에 유의적인 영향을 미친 경영진이 내린 판단

- K-IFRS에서 요구하는 정보이지만 재무제표 어느 곳에도 표시되지 않는 정보
- 재무제표 어느 곳에도 표시되지 않지만 재무제표를 이해하는 데 목적적합한 정보

기타 자세한 유형자산과 무형자산의 표시 및 공시와 관련된 규정은 K-IFRS 제1016호 문단 73~79와 제1038호 문단 118~128을 참조한다.

질문 18

정부보조금은 어떻게 재무제표에 표시되어야 하는가?

본 예제에서의 정부보조금은 수익관련보조금이다. 수익관련보조금에 대한 표시방법으로는 두 가지 방법이 인정된다(K-IFRS 제1020호 문단 29~31). 하나는 별도의 계정이나 '기타수익'과 같은 일반계정으로 표시하는 방법이고, 대체적인 방법은 관련비용에서 보조금을 차감하여 표시하는 방법이다. 첫 번째 방법은 보조금의 영향을 받지 않는 기타 비용과의 비교를 용이하게 한다. 반면에 두 번째 방법은 보조금과 관련비용이 관련되어 있음을 보여준다.

재무제표의 적절한 이해를 위해 보조금을 공시하는 것이 필요할 수 있다. 별도로 공시하여야 하는 수익이나 비용 항목에 대한 보조금의 효과는 일반적으로 공시하는 것이 적절하다.

2.4.4 그룹 4 : 추가 고려 사항

단계 8 : 유용한 재무보고에 대한 원가와 효익의 균형(The Cost Constraint on Useful Financial Reporting)

질문 19

본 예제에서 원가와 효익의 균형을 고려해야 하는 경우로는 어떤 것이 있나?

본 예제에서 원가와 효익의 균형이라는 포괄적 제약요건을 적용할 대상은 많지 않다. 그러나 재평가모형을 적용할 것인가를 결정할 때 이 포괄적 제약요건을 고려해 볼 수 있을 것이다. 재평가모형은 유형자산의 공정가치를 보여줌으로써 보다 목적적합한 정보를 제공한다는 효익이 있다. 그러나 재평가모형의 적용을 위해서는 많은 원가가 소요된다. 재평가모형의 적용을 위해서는 특정 유형자산뿐만 아니라, 해당 자산이 포함되는 유형자산 분류 전체를 재평가해야 한다. 또한 재평가는 보고기간 말에 자산의 장부금액이 공정가치와 중요하게 차이가 나지 않도록 주기적으로 수행해야 한다. 따라서 재평가모형을 채택할 것인가를 결정함에 있어서 이러한 효익과 원가를 고려하여 결정해야 할 것이다.

Chapter

3 FBT 구조의 적용(유형자산)

제2장에서는 FBT 구조를 8단계로 구분하여 설명하였으며 간단한 종합사례를 통해 FBT를 적용하는 방법을 설명하였다. 본장에서는 유형자산과 관련된 다양한 사례를 이용하여 FBT 구조를 차례대로 적용함으로써 개념체계에 기초한 원칙중심 회계기준의 교육방법을 살펴보고자 한다. 본장에서 사용되는 사례는 복잡하지 않은 단순한 사례로서 대학의 학부교육과정에서 FBT를 이용한 원칙중심 K-IFRS 교육에 사용될 수 있을 것이다.

유형자산은 대부분의 기업(제조업, 유통업, 건설업, 해운업, 조선업 등)의 핵심자산에 해당하므로 유형자산에 대한 정보는 현재 및 잠재적 투자자, 대여자 및 기타 채권자가 보고기업에 대한 의사결정을 할 때 유용할 수 있다.

K-IFRS 제1016호 '유형자산'의 목적은 유형자산의 회계처리방법을 정하여 재무제표이용자가 기업의 유형자산 투자와 그 변동을 파악할 수 있게 하는 것이다. 따라서 유형자산에 대한 중요한 주제는 유형자산의 식별, 인식, 측정, 감가상각과 손상, 제거에 대한 회계처리가 될 것이며, K-IFRS와 일반기업회계기준에 따라 기업의 유형자산에 대해 목적적합하고 충실하게 표현된

정보를 제공하기 위해서는 판단과 추정이 필요할 수 있다.

〈관련 기준서〉

- 재무보고를 위한 개념체계
- K-IFRS 제1016호 '유형자산'과 일반기업회계기준[1] 제10장 '유형자산'
- K-IFRS 제1040호 '투자부동산'
- K-IFRS 제1002호 '재고자산'
- K-IFRS 제1041호 '농림어업'
- K-IFRS 제1105호 '매각예정자산과 중단영업'
- K-IFRS 제1106호 '광물자원의 탐사와 평가'
- K-IFRS 제1023호 '차입원가'와 일반기업회계기준 제18장 '차입원가 자본화'
- K-IFRS 제1036호 '손상차손'
- K-IFRS 제1037호 '충당부채, 우발부채 및 우발자산'
- K-IFRS 제1038호 '무형자산'
- K-IFRS 제1113호 '공정가치 측정'
- K-IFRS 제2101호 '사후처리 및 복구관련 충당부채의 변경'
- K-IFRS 제2118호 '고객으로부터의 자산이전'

3.1 단계 1 경제적 현상과 유용한 정보

일반목적재무보고의 목적은 '현재 및 잠재적 투자자, 대여자 및 기타 채권자가 기업에 자원을 제공하는 것에 대한 의사결정을 할 때 유용한 보고기업

1) 일반기업회계기준은 외감법의 적용대상기업 중 'K-IFRS'에 따라 회계처리하지 아니하는 기업이 적용해야 하는 회계처리기준으로서 별도의 '재무회계개념체계'를 두고 있다. 그러나 이 개념체계는 K-IFRS의 '재무보고를 위한 개념체계'와 유의적인 차이가 없으므로 이 장에서는 필요할 경우 K-IFRS와 일반기업회계기준을 동시에 다룬다.

재무정보를 제공(개념체계 문단 OB2)'하는 것이다. 따라서 FBT는 유용한 정보가 무엇인지로부터 시작해야 하는데, 거래에 따라 경제적 현상은 다를 것이고 유용한 정보는 경제적 현상에 따라 다를 것이다. 따라서 FBT는 특정 거래와 관련된 경제적 현상의 파악과 함께 유용한 정보가 무엇인지 파악하는 것으로부터 출발한다.

유용한 정보란 정보이용자가 필요로 하는 정보이지만, 각 주요 이용자들의 정보 수요 및 욕구는 다르고 때로는 상충된다. 따라서 개념체계는 일반목적재무보고가 정보이용자들의 공통적인 정보수요를 제공하는 것이므로, 현재 및 잠재적 투자자, 대여자 및 기타 채권자가 필요로 하는 모든 정보를 제공하지 않으며 제공할 수도 없다(개념체계 문단 OB6)고 언급하고 있다. 따라서 현재 및 잠재적 투자자, 대여자 및 기타 채권자는 의사결정을 하기 위해 일반목적재무보고뿐만 아니라 다른 원천에서 입수한 관련 정보를 고려할 필요가 있다.

강사는 아래 제시된 시나리오에서 기업이 유형자산 취득, 대규모 발전소 건설, 핵심부품 교체 또는 유형자산의 시가 상승이라는 상황에 있을 때, 이 기업의 정보이용자(투자자, 잠재적 투자자, 채권자)에게 해당 유형자산과 관련하여 유용한 정보가 무엇인지 교육참가자들이 토론하도록 유도한다.

시나리오 1

월드투어(주)는 관광업을 주된 영업으로 하고 있으며, 최근 정관을 개정하여 주된 영업에 호텔업을 추가하고 아시아에서 관광도시로 주목받고 있는 부산의 마린시티에 위치한 특급호텔을 매입하였다. 또한 호텔 매입시 현 경영진을 포함한 모든 임직원을 100% 고용 승계하였다.

질문 | 월드투어(주)의 호텔 매입이라는 경제적 현상과 관련하여 정보이용자에게 유용한 정보는 무엇인가?

시나리오 2

화진발전소(주)는 국내 2군데 지역에서 화력발전소를 운영하고 있다. 경상도에 위치한 발전소는 규모가 크지만 설비가 노후화되어 전반적인 수리 및 주요 핵심 부품의 교체가 필요하다. 한편 화진발전소(주)는 최근 가중되는 전력난을 해소하기 위하여 정부로부터 보조금과 차입금을 재원으로 추가로 대규모 발전소 건설을 추진중에 있다.

질문 | 화진발전소(주)의 발전소 핵심 부품 교체 및 대규모 발전소 건설이라는 경제적 현상과 관련하여 정보이용자에게 유용한 정보는 무엇인가?

시나리오 3

강원광업(주)는 광산업을 운영하고 있으며 강원도 지역에 여러 광구를 보유하고 있다. 그중 정선군에 위치한 광구(40년전 매입)에서는 철, 구리를 생산하고 있지만 잔여 매장량은 매우 미미한 수준으로 추정된다. 최근 광구가 위치한 지역 인근에 카지노가 건설되어 해당 지역이 급속도로 개발되고 있으며 주변 토지의 시가는 가파르게 오르고 있어 원가모형을 적용한 광구의 장부금액과의 차이가 매우 커지고 있다. 강원광업(주)의 경영진은 해당 광구에 대한 후속 측정방법을 현재의 원가모형을 유지할지 아니면 재평가모형을 사용하여 공정가치로 평가할지에 대해 고민하고 있다.

질문 | 강원관광(주)가 보유하고 있는 정선군에 위치한 광구의 급격한 주변 환경 변화에 따른 자산 가치의 상승이라는 경제적 현상과 관련하여 정보이용자에게 유용한 정보는 무엇인가?

3.2 단계 2 식별

유용한 정보를 파악한 후에는 재무제표 요소(자산, 부채, 자본, 수익, 비용)의 정의에 기초하여 이러한 정보가 재무제표 요소 중 어느 것에 해당하는지를 판단하여야 할 것이다. 이를 위해서는 개념체계의 자산 또는 비용에 대한 정의를 언급해야 할 필요가 있다.

예를 들어, 기업이 기계장치를 취득하기 위해 현금을 지출한 경우 이 지출이 개념체계에서 정하고 있는 자산의 정의를 충족하면 자산에 해당하고, 자산의 정의를 충족하지 못한다면 비용이 될 것이다. 여기서, 자산의 정의와 자산의 인식 및 측정을 혼동하지 말아야 한다. 예로, 유형자산의 취득을 위한 지출로 인해 미래 경제적 효익이 기업에 유입될 것으로 기대는 되지만 그 가능성은 매우 낮을 수 있다. 후술하는 바와 같이 이러한 지출은 자산의 인식기준을 충족하지 못해 자산으로 인식되지 못할 수 있지만, 자산의 정의 자체를 충족하지 못하는 것은 아니다. 다음의 관련 규정을 참고한다.

재무보고를 위한 개념체계

4.4 ...

(1) 자산은 과거 사건의 결과로 기업이 통제하고 있고 미래 경제적 효익이 기업에 유입될 것으로 기대되는 자원이다.

4.8 자산이 갖는 미래 경제적 효익이란 직접으로 또는 간접으로 미래 현금 및 현금성자산의 기업에의 유입에 기여하게 될 잠재력을 말한다. 이 잠재력은 기업의 영업활동의 일부인 생산과 관련될 수 있다. 또한 현금이나 현금성자산으로의 전환 능력의 형태이거나 대체적인 제조과정의 도입으로 생산원가가 절감되는 경우와 같이 현금유출을 감소시키는 능력일 수도 있다(개념체계 문단 4.8).

4.25 ...

(2) 비용은 자산의 유출이나 소멸 또는 부채의 증가에 따라 자본의 감소를 초래하는 특정 회계기간 동안에 발생한 경제적 효익의 감소로서, 지분참여자에 대한 분배와 관련된 것은 제외한다.

아래의 사례들과 관련 질문들을 활용하여 강사는 교육참가자들이 자산의 식별에 대하여 충분히 토론할 수 있도록 유도한다.

> 사례 1 바닷속 참치

사동참치(주)는 태평양에서 참치를 잡아 참치통조림으로 가공하여 판매하고 있다. 최근 기후 이상과 남획으로 태평양의 참치 어획에 애로를 겪어 제주도 앞바다에서 수중가두리양식장을 설치하고 참치 치어(제주해양생물 연구소에서 구입)를 넣어 3년을 키운 후(2년 이상 키우면 상품성이 확보) 참치횟감 등으로 판매하고 있다.

질문 | 제주앞바다 수중가두리양식장에서 자라고 있는 참치는 사동참치(주)의 자산인가?

> 사례 2 가스계량기

서경가스(주)는 일정지역의 도시가스를 공급하고 있으며, 그 지역 거주자는 가스를 공급받기 위해 가스계량기를 설치해야만 한다. 가스계량기와 설치비용은 사용자가 전액 부담한다. 서경가스(주)는 법률에 의해 계량기를 10년 주기로 교체해야 할 의무가 있으며, 향후 가스계량기의 교체에 소요될 비용은 추산하여 매월 일정액을 사용자로부터 수령하고 있다.

질문 | 서경가스(주)는 가스계량기를 통제하는가?

> 사례 3 도시환경정비사업 중의 토지

자우건설(주)는 서울시 현수동에서 시행하는 도시환경정비사업에 참여하고 있다. 자우건설(주)는 사업의 원활한 진행을 위해 현수동 토지소유자 및 건축물소유자 등이 소유하고 있던 토지를 제공(등기상 소유권 이전)받아, 상가 등을 신축하여 일부는 일반분양하고 나머지는 기존 토지소유자에게 분양한다. 사업비는 일반분양 수입금액으로 충당하고 부족할 시 기존 토지소유자 등에게 사업비를 추가로 부과하여 충당한다. 이 사업으로 발생하는 이익은 서울시 시행규정에 따라 모든 이익을 토지 등의 소유자에게 귀속된다.

질문 | 토지는 자우건설(주)의 자산인가?

> 사례 4 엄격한 운영 조건

서해발전(주)는 소비자(일반국민)에게 판매할 전력을 생산하는 친환경화력발전소를 건설 및 운영한다. 발전소는 서해 부근 약 100만평에 달하는 부지에 건설되어 있으며 시설용량은 약 5,000MW이다. 서해발전(주)는 정부 관할부처에서 제시한 엄격한 가이드라인에 따라 발전시설을 운영하며, 운영 절차를 지키지 못할 경우에는 정부 관할부처가 회사의 발전소 운영 면허를 취소할 수 있다. 서해발전(주)는 발전소를 해체하기 전까지 약 50년 동안 운용 조건을 준수하며 발전소를 운영할 예정이다.

* 상기 계약은 민간투자사업(K-IFRS 제2112호 '민간투자사업')의 정의에 해당하지 않는다.

질문 | 발전소는 서해발전(주)의 자산인가?

> 사례 5 탐사장비 - 미래 경제적 효익[2)]

태평양석유가스(주)는 베트남 정부로부터 특정 수역에서 원유와 가스를 탐사할 수 있는 면허를 2년간 부여받고 심해시추장비를 매입하였다. 베트남 정부는 태평양석유가스(주)가 탐사·시추 면허기간에 원유나 가스를 발견한다면, 원유와 가스 매장량의 1%에 해당하는 추정 시장가치와 동일한 금액을 태평양석유가스(주)에 지급하기로 하였다. 반면, 원유나 가스를 발견하지 못한다면 아무런 대가를 주지 않기로 하였다.

이 지역의 지질조사에 의하면, 원유와 가스가 발견될 확률이 10퍼센트에 불과할 것이라고 한다. 원유와 가스가 있더라도, 경영진은 면허기간인 2년 내에 발견할 가능성을 20% 정도로 추정하고 있다.

질문 | 심해시추장비는 태평양석유가스(주)의 자산인가?

---

2) Example 3, Stage 2-Property, plant and equipment with other non-financial assets, K-IFRS Foundation: Framework-based K-IFRS Teaching Material

3.3 단계 3 분류

개념체계에서는 재무제표 요소의 대분류(자산, 부채, 자본, 수익, 비용)만을 설명하고 있다. 그러나 재무제표는 대분류에서 나아가 재무제표 요소의 중분류와 소분류를 포함한다. 예를 들어, 건물의 경우 대분류는 자산이지만, 재무제표에는 보유목적이나 성격에 따라 세분화되어 표시된다. 부동산업을 영위하는 기업이 건물을 매각목적으로 소유하고 있다면 재고자산으로 분류될 것이며, 영업활동에 사용할 목적으로 소유하고 있다면 유형자산으로 분류할 것이다. 반면, 제조업을 영위하는 기업이 건물을 시세차익 목적으로 보유하고 있다면 이는 투자부동산으로 구분될 것이다. 또한, 자산은 성격에 따라 유형자산, 무형자산, 또는 생물자산 등으로 분류될 수 있다. 이와 같이 분류는 어떤 정보 또는 항목의 중 · 소 분류를 확정하는 것이다.

앞서 언급한 대로, 개념체계에서는 대분류만을 정의하고 있으므로, 중분류와 소분류는 개별 K-IFRS 기준서에 따라 분류해야 한다. 따라서 특정 정보나 항목의 중·소분류는 적용해야 할 기준서를 결정하는 것이므로 매우 중요한 문제이다. 특정 자산이 재고자산으로 분류된다면 K-IFRS 제1002호, 유형자산으로 분류된다면 K-IFRS 제1016호, 투자부동산으로 분류된다면 K-IFRS 제1040호가 해당된다. 나아가 동일한 자산으로 중분류된다 하더라도 해당되는 기준서에서 정하는 적용범위에 따라 다른 기준서가 적용될 수 있다. 예를 들어, 유형자산으로 분류되었다 하더라도 매각예정 요건을 충족하면 매각예정비유동자산으로 분류되어 K-IFRS 제1105호 '매각예정자산과 중단영업'이 적용되고, 농림어업활동과 관련되는 생물자산의 경우에는 K-IFRS 제1041호 '농림어업'이 적용되며, 탐사평가자산의 경우에는 K-IFRS 제1106호 '광물자원의 탐사와 평가'가 적용된다.

FBT에서 분류와 관련하여 가장 중요한 것은 교육참가자가 어떤 기준서가 적용되어야 하는지를 분명히 판단할 수 있는 능력을 가질 수 있도록 도와주는 것이다. 따라서 강사는 이 단계에서 유형자산 정의를 충족하는 자산에 대해 유형자산 기준서를 적용해야 하는지, 만약 유형자산 기준서 적용이 배제될 경우 어떤 기준서를 적용하여야 하는지 결정할 수 있는 능력을 가질 수 있도록 교육참가자들을 도와주어야 한다. 이를 위해 다음의 관련 규정을 참고한다.

용어의 정의

유형자산 : 재화나 용역의 생산이나 제공 · 타인에 대한 임대 또는 관리활동에 사용할 목적으로 보유하는 물리적 형태가 있는 자산으로서 한 회계기간을 초과하여 사용할 것이 예상되는 자산(K-IFRS 제1016호 '유형자산' 문단 6)

재고자산 : ① 정상적인 영업과정에서 판매를 위하여 보유중인 자산 ② 정상적인 영업과정에서 판매를 위하여 생산중인 자산 ③ 생산이나 용역제공에 사용될 원재료나 소모품(K-IFRS 제1002호 '재고자산' 문단 6)

투자부동산 : 임대수익이나 시세차익 또는 두 가지 모두를 얻기 위하여 소유자나 금융리스의 이용자가 보유하고 있는 부동산(K-IFRS 제1040호 '투자부동산' 문단 5)

생물자산 : 살아 있는 동물이나 식물 & 수확시점의 수확물(K-IFRS 제1041호 '농림어업' 문단 5)

무형자산 : 물리적 실체는 없지만 식별가능한 비화폐성 자산(K-IFRS 제1038호 '무형자산' 문단 8)

K-IFRS 제1016호 '유형자산'

문단 3. 다음의 경우에는 이 기준서를 적용하지 아니한다.

(1) 기업회계기준서 제1105호 '매각예정비유동자산과 중단영업'에 따라 매각예정으로 분류되는 유형자산

(2) 농림어업활동과 관련되는 생물자산(기업회계기준서 제1041호 '농림어업' 참조)

(3) 탐사평가자산의 인식과 측정(기업회계기준서 제1106호 '광물자원의 탐사와 평가' 참조)

(4) 석유, 천연가스, 이와 유사한 비재생 자원과 같은 매장광물과 광업권

K-IFRS 제1105호 '매각예정비유동자산과 중단영업'

문단 6. 비유동자산(또는 처분자산집단)의 장부금액이 계속사용이 아닌 매각거래를 통하여 주로 회수될 것이라면 이를 매각예정으로 분류한다.

문단 7. 상기 문단과 같이 분류하기 위해서는 당해 자산(또는 처분자산집단)은 현재의 상태에서 통상적이고 관습적인 거래조건만으로 즉시 매각가능하여야 하며 매각될 가능성이 매우 높아야 한다.

아래 제시된 사례들과 관련 질문들을 활용하여 강사는 교육참가자들이 식별된 자산의 분류(예 : 식별된 자산이 유형자산인지, 그 유형자산이 K-IFRS 제1016호(또는 일반기업회계기준 제10장) '유형자산'의 적용범위에 해당하는지 등)에 대하여 충분히 토론할 수 있도록 유도한다.

사례 6 다양한 목적에 따른 아파트 매입

풍수건설(주)는 주택(아파트 포함)의 신축 및 판매를 주된 영업으로 하는 종합 건설회사이다. 풍수건설(주)는 본사가 위치한 경기도 지역이 직원들의 출퇴근에 애로사항이 있어 직원들의 복리후생을 증진하기 위한 사택으로 사용할 목적으로 '나홀로 아파트' 한 동(80호)을 모두 매입하였다. 그러나 실제로 사원을 위해 필요한 아파트는 30호이며, 나머지 50호는 모두 판매하고자 하였으나 40호만 판매되고 10호는 판로에 어려움이 있어 2년간 임대하고 있다.

질문 | 풍수건설(주)는 '나홀로 아파트'를 어떻게 분류하여야 하는가?

사례 7 한 건물 중 일부는 영업에 일부는 임대에 사용

대진보험(주)는 최근 20층 건물을 신축하여 1층~12층은 영업지점 사무실로 이용하고 있으며, 13층~20층은 임대하고 있다.

질문 | 대진보험(주)는 신축건물을 어떻게 분류하여야 하는가?

사례 8 임대건물

원룸임대(주)는 10층 건물을 신축하여 100개의 원룸과 투룸을 만들어 2년 단위로 임대계약을 맺고 있으며, 임차인에게 최소한의 보안과 건물 유지용역을 제공하고 그 대가로 각 세대별로 소정의 관리비를 수령하고 있다.

질문 | 원룸임대(주)는 신축 임대건물을 어떻게 분류하여야 하는가?

사례 9 임대건물

인텔렌트(주)는 최근 기존 임대건물을 철거하고 그 부지에 intelligence building을 30층으로 신축하여 사무실로 임대하고 있다. 이 신축건물의 각 사무실은 최첨단 정보시스템을 구축하고 있으며 이에 적절한 장비와 가구가 완비되어 있고 건물의 모든 관리용역을 제공한다. 인텔렌트(주)는 사무실 임대에 필요한 최첨단 정보시스템을 운영하고 있으며 임차인에게 m^2 단위로 임대료를 부과하고 있다.

질문 | 인텔렌트(주)는 신축빌딩을 어떻게 분류하여야 하는가?

사례 10 호텔 건물

소공호텔(주)는 호텔 건물을 소유하고 있으며, 호텔용역(주)와 관리계약을 맺어 일부 책임을 이전하고 있다.

질문 | 소공호텔(주)는 호텔을 어떻게 분류하여야 하는가?

사례 11 장미를 재배하고 있는 비닐하우스와 토지

대림원예(주)는 토지 위에 비닐하우스를 짓고 장미와 안개꽃을 재배하여 판매한다.

질문 | 대림원예(주)는 토지와 비닐하우스를 어떻게 분류하여야 하는가?

사례 12 젖소와 목동견 - 생물자산? 유형자산?

소관령목장(주)는 젖소를 100마리 방목하고 있으며, 양치기 개로 유명한 보더콜리 4마리를 목동견으로 활용하여 젖소를 관리하고 있다.

질문 | 소관령목장(주)는 젖소와 목동견을 어떻게 분류하여야 하는가?

사례 13 다년생식물

동방식물원(주)는 1,000여종의 다년생식물을 보유하고 있다. 동방식물원(주)의 주 수입은 식물원 입장료와 식물원에 있는 식물을 판매하여 얻고 있다. 입장료 수익과 식물판매 수익은 동방식물원(주)의 주된 수익원천으로 각각 유의적(중요)이다.

질문 | 동방식물원(주)는 보유하고 있는 식물을 어떻게 분류하여야 하는가?

사례 14 광물자원 탐사자산

(주)에너지는 해저 광물자원 탐사권 확보를 위한 다방면의 노력 결과 국토해양부로부터 동해에 있는 2만km^2에 대한 해저광물자원의 독점탐사권을 취득하였으며 이에 투입된 원가는 20억원이다. 본격적인 작업이 이루어질 경우 향후 30년 동안 연간 5만t 정도의 채광이 가능해 대규모의 수익창출 효과가 있을 것으로 예상된다. (주)에너지는 탐사를 위한 시추 작업 목적으로 시추장비를 구입하였다.

질문 | (주)에너지는 독점탐사권을 얻기 위해 투입한 원가와 시추 작업 목적으로 구입한 시추장비를 어떻게 분류하여야 하는가?

사례 15 토지 무상 사용권

인천시는 인천지역의 경제적 발전을 위하여 기업의 사업활동을 확대시키기 위한 일환으로 인천시에 있는 영정도의 일부 토지를 기업에 50년 동안 무상으로 사용할 수 있도록 결정하였다.

소화제약(주)는 인천시로부터 토지를 무상으로 사용할 수 있는 권리를 받았으며, 계약에 따라 해당 토지는 시험장과 연구개발시설의 건설 및 운영에만 사용하도록 제한되어 있다. 기업은 이 토지에 대하여 어떠한 양도나 임대는 불가능하며, 토지의 소유권은 인천시에 있다. 50년의 계약기간 이후에는 어떠한 부담/조건에 관한 내용도 없다. 따라서 소화제약(주)는 동 토지 위에 연구개발시설을 건설하여 이를 50년 동안 사용할 예정이다.

질문 | 소화제약(주)는 50년 동안 사용가능한 토지를 유형자산으로 분류할 수 있는가?

사례 16 영업용 차량, 판매용 차량

익스프레스(주)는 택배사업을 주된 영업으로 하고 있으며 최근 급증하고 있는 택배수요를 충족하고 향후 시장점유율을 확대하기 위하여 타요(주)로부터 영업용 대형트럭 20대를 일괄 구입하였으며, 이로 인하여 총구매가격의 5% 할인 혜택을 받았다.

한편, 타요(주)는 트럭, 버스 등 대형차량 판매를 주된 영업으로 하고 있는 차량 도매상이며 대형트럭 100여대를 보유중이다.

질문 | 익스프레스(주)가 보유하고 있는 대형트럭 20대와 타요(주)가 보유하고 있는 대형트럭 100대는 동일하게 분류되는가?

사례 17 용역 제공시 사용하기 위해 구입한 자산을 임대한 경우

LTE인터넷(주)는 초고속인터넷망을 유지 · 보수하는 업체로서 케이블 관리 및 고객 개통서비스를 수행하고 있으며, 이때 필요한 장비인 LAN(Local Area Network, 근거리 통신망)은 LTE케이블(주)로부터 납품받는다.

LTE인터넷(주)는 모그룹사로부터 계열사 전체에 대한 LAN 개통을 발주받아 이에 필요한 LAN 100개를 재고자산으로 확보해 두었다. 그러나 모그룹사의 파산으로 재고자산 LAN 100개는 판매하지 못하였으며, 창고에 보관하고 있던 중 시청에서 임차를 요구하여 현재는 LAN 100개를 모두 임대하고 있다.

질문 | LTE인터넷(주)는 장비 LAN 100개를 유형자산으로 분류할 수 있는가?

> 사례 18 대체장비

네오솔루션(주)는 NI통합솔루션 업체로서 주요 사업은 NI통합솔루션(네트워크시스템 설계 및 구축) 제공이고, 주요 고객은 은행과 공공기관(공기업 포함)이다. 네오솔루션(주)는 NI통합솔루션 제공과 더불어 기 구축된 네트워크시스템에 대한 유지보수업무를 병행하고 있다.

네트워크시스템 유지보수 업무절차는 ① 시스템 장애발생 ② 대체장비 투입 ③ 장애장비 수리(국내・외 수리 포함하여 통상 15~30일 소요) ④ 수리장비 교체 및 대체장비 철수로 구분할 수 있으며, 동 유지보수는 신규 시스템 구축 후 최소 3년에서 최대 5년간(무상 1년, 유상 2~5년) 이루어진다.

질문 | 네오솔루션(주)가 보유하고 있는 대체장비를 어떻게 분류해야 하는가?

> 사례 19 매각예정 본사건물

엘사전자(주)는 본사 직원의 수가 급증함에 따라 기존 본사건물을 매각하기로 이사회 등에서 확정하고, 동 건물의 매수자를 찾기 시작하였다. 다만, 새로운 본사 건물이 완공되어 이전할 때까지 기존 본사 건물을 계속 이용할 것이므로, 양도 시기는 건물을 비울 때가 된다(K-IFRS 제1105호 사례 1 참조).

질문 | 엘사전자(주)는 매각하기로 이사회에서 결정한 본사건물을 어떻게 분류해야 하는가?

> 사례 20 매각예정 제조설비[3]

현기자동차(주)는 트럭 제조설비만을 매각하기로 이사회 등에서 확정하고, 매수자를 찾기 시작하였다. 제조설비 처분은 미완성 주문 잔량을 처리하고 설비의 모든 가동을 중단한 후에 비로소 매수자에게 설비를 양도할 계획이다.

질문 | 현기자동차(주)는 매각하기로 이사회에서 확정한 트럭 제조설비를 어떻게 분류해야 하는가?

---

3) K-IFRS 제1105호 사례 2 참조

3.4 단계 4 인식

인식은 재무제표 요소(예 : 자산)의 정의에 부합하고 인식기준을 충족하는 항목을 재무상태표나 포괄손익계산서에 포함하는 과정을 말한다. 이 과정은 해당 항목을 서술하는 계정명칭과 화폐금액으로 기술하고 그 금액을 재무상태표 총계에 산입하는 것을 포함한다.

3.4.1 인식기준

유형자산의 인식기준(K-IFRS 제1016호 문단 7)은 개념체계의 요소의 인식기준(개념체계 문단 4.38)과 일치한다.

K-IFRS 제1016호 '유형자산'에서 정하고 있는 유형자산의 인식기준은 개념체계에서 정하고 있는 재무제표 요소의 인식기준과 일치한다. 개념체계에서 정하는 재무제표 인식기준과 K-IFRS 제1016호에서 정하는 유형자산의 인식기준은 다음과 같다.

개념체계

4.38 재무제표 요소의 정의에 부합하는 항목이 다음 기준을 모두 충족한다면 재무제표에 인식되어야 한다.

(1) 그 항목과 관련된 미래 경제적 효익이 기업에 유입되거나 기업으로부터 유출될 가능성이 높다.

(2) 그 항목의 원가 또는 가치를 신뢰성 있게 측정할 수 있다.

4.8 자산이 갖는 미래 경제적 효익이란 직접으로 또는 간접으로 미래 현금 및 현금성자산의 기업에의 유입에 기여하게 될 잠재력을 말한다. 이 잠재력은 기업의 영업활동의 일부인 생산과 관련될 수 있다. 또한, 현금이나 현금성자산으로의 전환 능력의 형태이거나 대체적인 제조과정의 도입으로 생산원가가 절감되는 경우와 같이

현금유출을 감소시키는 능력일 수도 있다.

4.10 자산이 갖는 미래 경제적 효익은 다양한 형태로 기업에 유입될 수 있다. 예를 들어, 다음과 같다.

(1) 자산은 기업이 판매하는 재화나 용역의 생산에 개별적으로 또는 그 밖의 자산과 복합적으로 사용된다.

(2) 자산은 다른 자산과 교환된다.

(3) 자산은 부채를 상환하는 데 사용된다.

(4) 자산은 기업의 소유주에게 배분된다.

4.41 어떤 항목의 인식을 위한 두 번째 기준은 신뢰성 있는 측정이 가능한 원가 또는 가치를 갖고 있어야 한다는 것이다. 많은 경우에 원가 또는 가치가 추정되어야 하는데 이 경우 재무제표를 작성할 때 합리적인 추정을 사용해야 하며 합리적 추정이 신뢰성을 훼손하지는 않는다. 그러나 합리적인 추정을 할 수 없는 경우 해당 항목은 재무상태표나 포괄손익계산서에 인식될 수 없다. 예를 들어, 소송으로부터 예상되는 배상금이 자산과 수익의 정의에 부합하고 인식을 위한 발생가능성 기준을 충족한다 하더라도 그 금액을 신뢰성 있게 측정할 수 없는 경우에는 이를 자산이나 수익으로 인식할 수 없다. 그러나 이와 같은 배상금의 존재는 주석, 설명 자료 또는 부속명세서에 공시될 수 있다.

K-IFRS 제1016호 '유형자산'

7. 유형자산으로 인식되기 위해서는 다음의 인식기준을 모두 충족하여야 한다.

(1) 자산으로부터 발생하는 미래 경제적 효익이 기업에 유입될 가능성이 높다.

(2) 자산의 원가를 신뢰성 있게 측정할 수 있다.

11. 안전 또는 환경상의 이유로 취득하는 유형자산은 그 자체로는 직접적인 미래 경제적 효익을 얻을 수 없지만, 다른 자산에서 미래 경제적 효익을 얻기 위하여 필요할 수 있다. 이러한 유형자산은 당해 유형자산을 취득하지 않았을 경우보다 관련 자산으로부터 미래 경제적 효익을 더 많이 얻을 수 있게 해주기 때문에 자산으로 인식할 수 있다. 예를 들면, 화학제품 제조업체가 위험한 화학물질의 생산과 저장에 관한 환경규제요건을 충족하기 위하여 새로운 화학처리공정설비를 설치하는 경우가 있

다. 이때 이러한 설비 없이는 화학제품을 제조 및 판매할 수 없기 때문에 관련증설 원가를 자산으로 인식한다. 그러나 이러한 자산 및 관련 자산의 장부금액에 대하여 기업회계기준서 제1036호 '자산손상'에 따라 손상차손을 인식할 필요가 있는지를 검토한다.

유형자산 취득시 기업은 그 유형자산의 사용을 통해 미래 경제적 효익(수익)이 유입될 가능성이 높을 것을 기대하고 취득하는 것이므로 대부분 첫 번째 인식기준을 충족한다.

유형자산의 두 번째 인식기준인 신뢰성 있는 측정은 경우마다 다를 수 있다. 취득시에는 대부분 원가를 정확하게 측정(취득금액)할 수 있으나, 활성시장이 없어 정확한 측정이 어려운 유형자산을 외부(예 : 정부, 경제단체)로부터 대가 없이 제공받거나 사업결합 등으로 취득하는 유형자산의 경우에는 그 원가나 가치를 추정해야 한다. 개념체계 문단 4.41은 원가 또는 가치 추정시 합리적인 추정을 사용해야 하며 합리적 추정이 신뢰성을 훼손하지는 않는다고 규정하고 있다.

강사는 이 단계에서 발생한 항목이 두 인식기준을 모두 충족하는지 교육참가자들이 결정할 수 있는 능력을 가질 수 있도록 도와주어야 한다.

아래 제시된 사례들과 관련 질문들을 활용하여 강사는 교육참가자들이 자산의 인식(미래 경제적 효익이 있는지, 신뢰성 있는 측정이 가능한지 등)에 대하여 충분히 토론할 수 있도록 유도한다.

> **사례 21** 방사성폐기물과 사용 후 연료를 보관하는 토지

극동발전소(주)는 원자력발전소를 운영하고 있으며, 원자력발전소 가동으로 발생하는 방사성폐기물과 사용 후 연료를 약 100년간 보관(자연 방사능 수준으로 떨어질 때까지 인간이나 자연으로부터 완전히 격리)하기 위해 별도로 토지를 구입하였다. 이 토지가100년이 지난 후 다른 용도로 사용되는 것은 거의 불가능할 것으로 예상된다.

질문 | 방사성폐기물과 사용 후 연료를 보관하는 토지와 관련된 미래 경제적 효익이 극동발전소(주)에 유입될 가능성이 높은가?

사례 22 염색공장의 폐수처리시설(수질오염방지시설)

대한직물(주)는 다양한 염료를 이용하여 직물을 제조하고 있으며, 제조과정에서 발생하는 염료하수를 환경법, 수질 및 수생태계 보전에 관한 법률 등이 요구하는 배출허용기준 이하로 유지하기 위해 폐수처리시설을 설치하였다.

질문 | 폐수처리시설과 관련된 미래 경제적 효익이 대한직물(주)에 유입될 가능성이 높은가?

사례 23 지방정부로부터 무상으로 받은 토지

기업혁신도시를 꿈꾸는 마주시는 기업을 적극 유치하기 위해 마주시로 이전하는 기업에 마주시 소유의 토지를 일부 무상으로 지급하기로 하였다. 동방산업(주)는 공장을 마주시로 이전하고 마주시로부터 공장부지의 일부를 무상으로 받았다.

질문 | 동방산업(주)는 마주시로부터 무상으로 받은 토지를 신뢰성 있게 측정할 수 있는가?

사례 24 사업부 취득

대보자동차(주)는 삼우전자(주)로부터 컴퓨터 사업부를 취득하였으며 해당 유형자산은 제조설비, 공장건물, 토지로 구성되어 있다. 각 유형자산은 K-IFRS 제1103호 '사업결합'에 따라 공정가치로 측정하여야 한다.

질문 | 대보자동차(주)는 제조설비, 공장건물, 토지를 신뢰성 있게 측정할 수 있는가?

> **사례 25** 자가건설 건물

한국건설(주)는 본사 직원의 수가 급증함에 따라 본사를 이전하기로 하고 보유하고 있던 대평로 토지에 본사건물을 신축하기로 하였다. 건설사업부 내에 본사 신축부를 두고 설계, 시공 등 5년에 걸쳐 본사건물을 신축하였다.

질문 | 자가건설한 본사건물을 신뢰성 있게 측정할 수 있는가?

3.4.2 취득 후 지출(증설, 대체, 수선 · 유지)

유형자산과 관련된 모든 원가는 그 발생시점에 인식원칙을 적용하여 평가하도록 규정되어 있다. 따라서 유형자산의 증설, 대체, 수선 · 유지와 관련된 후속 원가도 동일한 인식원칙을 적용하여 평가한다. 즉, 유형자산의 증설, 대체, 수선 · 유지와 관련하여 발생한 원가가 자산의 인식기준을 충족하면 자산으로 인식하고, 자산의 인식기준을 충족하지 못하면 비용으로 인식한다. 유형자산의 증설, 대체, 수선 · 유지와 관련하여 발생한 원가에 대한 관련규정은 다음과 같다.

K-IFRS 제1016호 '유형자산'

7. 유형자산으로 인식되기 위해서는 다음의 인식기준을 모두 충족하여야 한다.
   (1) 자산으로부터 발생하는 미래 경제적 효익이 기업에 유입될 가능성이 높다.
   (2) 자산의 원가를 신뢰성 있게 측정할 수 있다.

12. 문단 7에서 정하고 있는 인식원칙에 따르면, 일상적인 수선 · 유지와 관련하여 발생하는 원가는 해당 유형자산의 장부금액에 포함하여 인식하지 아니한다. 이러한 원가는 발생시점에 당기손익으로 인식한다. 일상적인 수선 · 유지과정에서 발생하는 원가는 주로 노무비와 소모품비로 구성되며 사소한 부품원가가 포함될 수도 있다. 이러한 지출의 목적은 보통 유형자산의 '수선과 유지'로 설명된다.

13. 일부 유형자산의 경우 주요 부품이나 구성요소의 정기적 교체가 필요할 수 있다. 예를 들면, 용광로의 경우 일정시간 사용 후에 내화벽돌의 교체가 필요할 수 있으며, 항공기의 경우에도 좌석과 취사실 등의 내부설비를 항공기 동체의 내용연수 동안 여러 번 교체할 필요가 있을 수 있다. 또한 유형자산이 취득된 후 반복적이지만 비교적 적은 빈도로 대체(예 : 건물 인테리어 벽 대체)되거나 비반복적으로 대체되는 경우도 있다. 문단 7의 인식원칙하에서, 유형자산의 일부를 대체할 때 발생하는 원가가 인식기준을 충족하는 경우에는 이를 해당 유형자산의 장부금액에 포함하여 인식한다. 대체되는 부분의 장부금액은 이 기준서의 제거 규정에 따라 제거한다(문단 67~72 참조).

아래 제시된 사례들과 관련 질문들을 활용하여 강사는 교육참가자들이 유형자산의 증설, 대체, 수선·유지와 관련하여 발생한 원가를 유형자산으로 인식할지 아니면 비용으로 인식할지에 대하여 충분히 토론할 수 있도록 유도한다.

사례 26 일상적인 수선(수선 및 유지보수)[4)]

수선(주)의 유지보수 직원은 한 달에 한 번씩 기계장치가 효율적으로 작동하도록 특수한 기름을 기계장치의 각 부품에 바른다. 또한, 직원은 모든 볼트와 너트를 조이고, 마모된 와셔와 가치가 경미한 소형 부품을 대체하고 공장의 마모된 도장을 손질한다.

질문 | 유지보수 직원의 급여와 소모품 및 소형 부품의 원가를 유형자산으로 인식할 수 있는가?

사례 27 주요 검사 – 유형자산 항목의 운영 지속 조건[5)]

국내외 항공운송을 전문으로 하는 운송업체인 월드항공(주)는 국내 항공 당국에게 2년마다 항공기 결함 검사를 받아야 한다. 월드항공(주)는 이번 보고기간에 검사를 받았다.

4) Example 13, Stage 2-Property, plant and equipment with other non-financial assets, K-IFRS Foundation: Framework-based K-IFRS Teaching Material

5) Example 14, Stage 2-Property, plant and equipment with other non-financial assets, K-IFRS Foundation: Framework-based K-IFRS Teaching Material

질문 | 검사를 받기 위해 발생한 원가를 항공기 자산의 일부로 인식할 수 있는가?

사례 28 장기 사용한 골프장 코스의 페어웨이 잔디 전면교체

서주컨트리클럽(주)는 최근 경기도에 있는 골프장의 잔디를 전면교체(띠잔디)하였다. 그동안 잔디의 유지관리를 위해 화학비료를 사용하고, 적정인원을 초과하는 골프장을 이용하는 등 페어웨이 잔디의 상태가 악화되어 토양을 재조성(객토)하고 잔디를 전면교체할 수밖에 없었다. 이 작업에 드는 원가는 총자산의 10% 정도의 큰 비중을 차지하고 있다.

질문 | 서주컨트리클럽(주)는 골프장의 잔디를 전면교체하면서 발생한 원가를 유형자산으로 인식할 수 있는가?

사례 29 호텔의 개보수 비용

강서호텔(주)는 숙박과 식사 및 연회시설의 제공을 주된 영업활동으로 하고 있다. 강서호텔(주)는 최첨단의 서비스를 제공하기 위하여, 호텔의 객실, 식당, 대회의장 등에 대해 일상적인 개보수를 하고 있다.

질문 | 강서호텔(주)는 일정주기로 실시하는 대규모의 개보수로 인한 원가를 호텔건물의 일부로 인식할 수 있는가?

사례 30 알루미늄 용해로 내화벽돌 교체 비용

남진알루미늄(주)는 알루미늄 원재료를 수입해서 이를 용해로 · 압연기 등의 설비자산을 통한 가공과정을 거쳐 알루미늄 판재를 생산하여 판매하고 있는 업체이다. 남진알루미늄(주)는 통상 3~4년마다 주기적으로 알루미늄 용해로 등의 내화벽돌 교체공사를 실시해야 한다.

질문 | 남진알루미늄(주)는 내화벽돌 교체원가를 알루미늄 용해로의 일부로 인식할 수 있는가?

3.4.3 회계단위

인식과 관련된 것으로 회계단위(the unit of account)가 있다. 회계단위는 항목, 항목의 집단 또는 항목의 일부분의 인식에 대한 측정단위(unit of measure)이다. 개별적으로 경미한 항목의 경우에는 그 항목집단을 통합하여 하나의 회계단위로 보아 인식할 수 있다. 예를 들어, 금형, 공구 및 틀 등과 같이 개별적으로 경미한 항목은 통합하여 그 전체를 하나의 회계단위로 보아 전체가치에 대하여 인식기준을 적용하는 것이 적절할 수 있다.

따라서 강사는 회계단위에 따라서 인식기준의 적용이 이루어져야 함을 설명하고 회계단위와 관련하여 판단이 필요한 항목이 무엇인지 결정할 수 있도록 도와주어야 한다. 다음의 관련 규정을 참고한다.

K-IFRS 제1016호 '유형자산'

9. 이 기준서는 인식의 단위, 즉 유형자산 항목을 구성하는 범위에 대해서는 정하지 않는다. 따라서 인식기준을 적용할 때 기업의 특수한 상황을 고려하여야 한다. 금형, 공구 및 틀 등과 같이 개별적으로 경미한 항목은 통합하여 그 전체가치에 대하여 인식기준을 적용하는 것이 적절하다.

한편, 회계단위를 설명함에 있어서 유용한 정보의 질적 특성 중 하나인 중요성(materiality)을 연결하여 설명할 수 있다. 정보가 누락되거나 잘못 기재된 경우 특정 보고기업의 재무정보에 근거한 정보이용자의 의사결정에 영향을 줄 수 있다면 그 정보는 중요한 것이다. 다음의 관련 규정을 참고한다.

개념체계

QC11. 정보가 누락되거나 잘못 기재된 경우 특정 보고기업의 재무정보에 근거한 정보이용자의 의사결정에 영향을 줄 수 있다면 그 정보는 중요한 것이다. 즉, 중요성은 개별 기업 재무보고서 관점에서 해당 정보와 관련된 항목의 성격이나 규모 또는 이 둘 모두에 근거하여 해당 기업에 특유한 측면의 목적적합성을 의미한다. 따라서 회계기준위원회는 중요성에 대한 획일적인 계량 임계치를 정하거나 특정한 상황에서 무엇이 중요한 것인지를 미리 결정할 수 없다.

아래 제시된 사례들과 관련 질문들을 활용하여 강사는 교육참가자들이 회계단위로서 유형자산 항목의 구별에 대해 충분히 토론할 수 있도록 유도한다.

사례 31 골프장

상원컨트리클럽(주)는 신규 골프장을 조성하기 위해 강원도의 토지를 구입하였으며, 골프장 조성을 위하여 다음과 같은 다양한 원가가 발생하였다.

- 토지 구입비 : 70억원
- 토지 조성비, 토지 정지비, 토지 절토 및 성토 공사비 : 5억원
- 조경 공사비 : 1억원
- 장애물 공사비 : 2억원
- 그린 및 티 박스 공사비, 배수시설 공사비 : 2억원
- 도로 공사비 : 5천만원

질문 | 골프장 조성을 위해 발생한 원가는 유형자산의 회계단위로 어떻게 구별될 수 있는가?

사례 32 제조공장[6)]

에그박스(주)는 폐지로 달걀상자를 제조하는 공장을 매입한다. 이 공장은 공장 건물(공장의 잔존 내용연수는 30년이지만, 지붕은 매입 후 10년 정도면 교체가 필요할 것이다), 폐지분쇄기, 분쇄된 종이의 펄핑기계, 독립적으로 운영되는 5대의 자동 지게차(공장에서 원재료와 완제품을 운반)와 종이펄프를 달걀상자로 만드는 천여 개의 저렴하고 재사용 가능한 금형으로 구성된다.

6) Example 16, Stage 2-Property, plant and equipment with other non-financial assets, K-IFRS Foundation: Framework-based K-IFRS Teaching Material

취득시점에 각각의 공정가치는 :

- 공장 건물 : 100억원(구조물=80억원, 지붕=20억원)
- 폐지분쇄기 : 5천만원
- 펄핑기계 : 9천만원
- 지게차 : 개당 1백만원~5백만원(총액 2천만원)
- 금형 : 개당 오천원~만원(총액 7백만원)

질문 | 에그박스(주)가 취득한 제조공장의 각 유형자산 항목별 회계단위는 어떻게 구별하는가?

사례 33 중요성[7)]

세계 여러 국가에 해외사업장을 갖고 있는 대규모 상장기업인 다국적기업(주)는 재무제표에 천만원 단위로 표시하고 있으며, 유형자산의 각 항목이 10만원보다 적을 경우 최초 인식시 비용으로 인식하는 회계정책을 따르고 있다. 이 정책의 적용으로 기업은 그 기간에 유형자산 80개 항목의 총원가 8백만원을 비용으로 인식하게 되었다.

질문 | 다국적기업(주)의 회계처리는 K-IFRS를 위반한 것인가?

3.5 단계 5 측정

재무제표 항목이 인식기준을 충족하면 화폐단위로 기록되므로 측정을 필요로 한다. 측정은 재무상태표와 포괄손익계산서에 인식되고 평가되어야 할 재무제표 요소의 화폐금액을 결정하는 과정이다. 측정은 현실의 정확한 서술보다는 상당 부분 추정, 판단 및 모형에 근거하고 있으므로 강사는 측정의 불확실성(측정의 과정에서 사용하는 추정이나 판단 또는 모형)이 회계정보가 유용하지 않다는 것을 의미하는 것은 아님을 교육참가자들에게 분명히 이해시

7) Example 17, Stage 2-Property, plant and equipment with other non-financial assets, K-IFRS Foundation: Framework-based K-IFRS Teaching Material

켜야 한다. 측정은 최초 측정과 후속 측정으로 구분할 수 있다.

개념체계는 재무제표에서 다수의 측정기준이 다양한 방법으로 결합되어 사용된다고 언급하면서 측정기준의 예로 (1) 역사적 원가 (2) 현행원가 (3) 실현가능(이행)가치 (4) 현재가치를 제시하고 있다. 다만, 개념체계에서는 측정의 방법만을 열거하고 있을 뿐이며 구체적인 측정방법을 제시하고 있지 않다. 따라서 측정과 관련한 구체적인 측정방법은 개별 기준서를 참조할 필요가 있다.

한편, K-IFRS는 개념체계에서 제시하고 있는 측정기준 외에 공정가치를 측정의 한 방법으로 제시하고 있다. K-IFRS 제1113호는 공정가치를 '측정일에 시장참여자 사이의 정상거래에서 자산을 매도하면서 수취하거나 부채를 이전하면서 지급하게 될 가격'으로 정의하고 있다.

3.5.1 최초 측정

유형자산은 처음 인식할 때 원가로 측정하며, 원가는 인식시점의 현금가격상당액이다. 일반적으로 유형자산을 취득하기 위해 지출한 금액이 최초 측정치가 될 것이지만, 다양한 상황에서 발생하는 원가가 K-IFRS 제1016호 문단 16에서 정하는 원가구성항목에 해당하는지를 판단할 필요가 있다. 특히 동 문단 (2)의 '경영진이 의도하는 방식으로 자산을 가동하는 데 필요한 장소와 상태에 이르게 하는 데 직접 관련되는 원가'에 해당하는지는 판단이 필요하다. 따라서 강사는 교육참가자들이 유형자산 측정에 포함할 항목과 비용으로 인식해야 할 항목을 구분할 수 있는 능력을 가질 수 있도록 도와주어야 한다. 다음 관련규정을 참고한다.

K-IFRS 第1016호 '유형자산'

15. 인식하는 유형자산은 원가로 측정한다.

23. 유형자산의 원가는 인식시점의 현금가격상당액이다.…

16. 유형자산의 원가는 다음과 같이 구성된다.
   (1) 관세 및 환급불가능한 취득 관련 세금을 가산하고 매입할인과 리베이트 등을 차감한 구입가격
   (2) 경영진이 의도하는 방식으로 자산을 가동하는 데 필요한 장소와 상태에 이르게 하는 데 직접 관련되는 원가
   (3) 자산을 해체, 제거하거나 부지를 복구하는 데 소요될 것으로 최초에 추정되는 원가. 회사가 자산을 해체, 제거하거나 부지를 복구할 의무는 해당 유형자산을 취득한 시점에 또는 해당 유형자산을 특정기간 동안 재고자산 생산 이외의 목적으로 사용한 결과로서 발생한다.

17. 경영진이 의도하는 방식으로 자산을 가동하는 데 필요한 장소와 상태에 이르게 하는 데 직접 관련되는 원가의 예는 다음과 같다.
   (1) 유형자산의 매입 또는 건설과 직접적으로 관련되어 발생한 종업원급여(기업회계기준서 제1019호 '종업원급여' 참조)
   (2) 설치장소 준비 원가
   (3) 최초의 운송 및 취급 관련 원가
   (4) 설치원가 및 조립원가
   (5) 유형자산이 정상적으로 작동되는지 여부를 시험하는 과정에서 발생하는 원가. 단, 시험과정에서 생산된 재화(예 : 장비의 시험과정에서 생산된 시제품)의 순매각금액은 당해 원가에서 차감한다.
   (6) 전문가에게 지급하는 수수료

아래 제시된 사례들과 관련 질문들을 활용하여 강사는 교육참가자들이 유형자산의 최초 측정에 대해 충분히 토론할 수 있도록 유도한다.

> 사례 34 유형자산 취득원가

허니스낵(주)는 인기 상품 라인의 잠재적 수요 분석 결과 향후 판매가 급증할 것으로 예상되어 해당 상품 라인의 생산량 확대를 위한 신규 공장 건설을 결정하였다. 이를 위해 회사는 올해 건설용지를 취득하였으며, 해당 용지에 공장 건물 신축공사가 진행중이다. 토지 구입과 관련하여 올해 발생한 원가는 다음과 같다.

- 토지 구입원가 : 50억원
- 취득세(지방세 포함) : 3.7억원
- 재산세 : 3천만원
- 부동산중개수수료 및 소유권이전 등기비용 : 6천만원
- 토지 취득 결정을 위한 사전 타당성 검토 용역비 : 1천만원

질문 | 토지의 취득과 관련하여 발생한 비용 중 취득원가에 포함되는 항목과 포함되지 않는 항목은 무엇인가?

> 사례 35 유형자산 취득원가

까르진마트(주)는 대형 유통업을 영위하고 있으며, 전국에 매장을 늘리기 위한 토지를 확보하기 위하여 토지취득 전담부서를 두고 있다. 동 부서에서는 토지입지 선정 및 신설매장에 대한 사업의 타당성 분석, 매입할 토지의 가격협상 및 계약체결 등의 업무를 담당하고 있다.

질문 | 토지취득 전담부서의 근무직원에 대한 지급 인건비(예 : '09~'13사업연도, 713백만원)를 당기 비용으로 처리하여야 하는가 아니면 토지 취득원가에 포함하여야 하는가?

> 사례 36 유형자산 취득원가

선진산업(주)는 산업폐기물의 매립 및 소각 사업을 주로 하고 있다. 매립장에 대한 유지 · 보존에 따른 법률(폐기물관리법)에 따라, 선진산업(주)는 매립장 사용(10년 예상) 완료 후 복구비용 성격의 최종복토비와 매립 후에 발생할 수 있는 침출수 등을 처리하기 위한 사후관리비 16,289원이 발생할 것으로 추정하였으며, 이를 5%의 위험조

정률로 할인한 현재가치는 10,000원이다. 선진산업(주)는 그 현재가치 10,000원을 유형자산과 사후처리부채로 인식하였다.

질문 1 | 10년 후 지출할 최종복토비와 사후관리비를 현재 자산으로 인식하는 것이 적절한가?

질문 2 | 선진산업(주)의 경영진이 사후처리부채 측정을 위해 필요한 유의적인 추정과 결정을 할 때 고려할 요소는 무엇인가?

사례 37 기존 건물을 철거하고 새로운 건물을 신축

대륙산업(주)는 기존 대지에 있던 본사 건물을 철거하고 새로운 건물을 신축하기로 하였다. 기존 본사 건물에는 미상각 장부금액이 남아 있었으며, 철거비용이 발생하였다.

질문 | 기존 건물의 미상각 장부금액과 철거비용은 토지의 원가, 신축 건물의 원가, 당기 비용 중 어떤 것에 해당하는가?

사례 38 사업자부담 도로편입예상토지

동아백화점(주)는 공명시에 백화점 영업을 위해 대규모 건물을 신축하였으며, 개점을 위해 공명시청으로부터 교통영향평가심의를 받은 결과 다음과 같은 조건부 승인을 받았다. 백화점 부지 중 도로편입예상부지에 대해 동아백화점(주)의 부담으로 차로를 개설하여 도로화한다. 동아백화점(주)는 이 도로를 공명시에 기부체납할 의사가 없으며 따라서 이 도로의 소유권은 동아백화점(주)에 있다. 상기 도로편입예상부지는 별도의 지번으로 분리되어 있고 토지이용계획서상 도로로 고시되어 있어 다른 용도로의 사용은 전혀 불가능한 상태이다. 이 도로의 유지보수책임은 공명시에 있다.

질문 | 도로편입예상부지 원가와 차로 개설비는 토지의 원가, 신축 건물의 원가, 당기 비용 중 어떤 것에 해당하는가?

사례 39 토지 점유보상비

건우건설(주)는 ○○○씨 후손 문중이 소유하고 있는 대규모 필지(약 66,000m^2)를 구입하여 아파트단지를 조성하려고 하고 있으며 현재 동 부지에 대한 대금을 지급하였다.

동 부지는 종중 부지로서 상당기간 관리가 부실한 상태에 있었으며 이로 인하여 유 · 무단 점유자에 의하여 장기간 점유되어 있어, 비록 건우건설(주)가 동 토지를 매입하더라도 관련 점유자에 대한 이주보상비와 점유보상비 등 각종 보상이 이루어지지 않으면 건우건설(주)가 구상하는 대규모 아파트단지 조성이 현실적으로 불가능하다.

질문 | 이주보상비와 점유보상비는 토지 취득원가에 포함되는가 아니면 건물의 취득원가에 포함되는가?

사례 40 기계장치 설계변경으로 인한 손실부담비용

한강제조(주)는 특정 제품 생산에 특화된 기계장치(A형) 50기를 일산기계(주)에 주문하였으며, 일산기계(주)는 제작중에 있다. 한강제조(주)는 A형보다 에너지 효율과 품질이 향상된 B형이 개발됨에 따라 A형 기계 주문을 취소하고 B형을 주문하였다. 한강제조(주)는 A형 취소에 따른 계약변경으로 1억원의 손실부담비용을 지급하였다.

질문 | 1억원의 손실부담비용은 B형 기계장치의 취득원가에 포함되는가?

사례 41 차입원가

신개발(주)는 건물주의 부도 또는 기타사유로 노후화된 건물을 매입한 후 최신형의 건물로 수선 및 증축하여 임대하는 부동산 개발 및 임대업을 영위하고 있다. 신개발(주)는 건물주의 부도로 인하여 경매 진행중인 건물의 경매에 참여하여 낙찰받았으나 동 건물은 장기간의 관리부실과 정기적인 수선이 이루어지지 아니하여 정상적인 임대가 불가능한 상태였다.

신개발(주)는 건물의 취득 후 대수리 공사 및 3개 층의 증축공사를 진행하고 있으며, 이 건물의 취득과 대수리를 위한 자금은 금융기관으로부터 차입하여 조달하고 있다. 신개발(주)는 수리 및 증축 공사의 완료일을 입주일로 하여 임차인을 모집하고 있다.

질문 | 신개발(주)가 취득한 건물은 차입원가를 자본화하기 위한 적격자산에 해당하는가?

사례 42 차입원가

마곡건설(주)는 도급공사와 분양공사를 주업으로 하는 소규모 건설회사이다. 마곡건설(주)는 2010년 6월 빌라의 분양공사를 위해 마곡지역의 용지를 대한토지공사로부터 30억원에 구입하였으며 관할 시청에 사업허가 신청을 하여 8월에 허가승인을 받았다. 또한 허가승인조건에 따라 2011년 6월중에 착공신고를 하면서 착공승인을 위해 기매입용지를 관통하는 관할시청 소유의 시유지(도로부지)를 4억원에 추가로 매입하여 8월에 승인받았다.

마곡건설(주)는 마곡지역의 개발지연으로 빌라의 분양 수익성이 불확실하여, 공사착공을 2012년 하반기 이후로 계획하고 있으며, 추가 비용이 발생하거나 공사 작업은 이루어지지 않고 있다.

용지 구입 대금을 지급하기 위해 차입하였으며 2011년 12월 말까지 이자비용 3억원이 발생하였다.

질문 | 마곡건설(주)는 용지 구입을 위해 차입한 금액에서 발생한 이자비용 3억원을 자본화할 수 있는가?

사례 43 부동산 교환

유진(주)는 샛별구에 있는 영업점(토지와 건물)이 그 지역의 도시환경정비사업에 포함됨에 따라, 주변의 타인 토지와 함께 영업점 토지를 묶어 초고층 오피스 빌딩을 신축하였다. 이에 따라 구 영업점 건물은 멸실되었으며, 토지지분의 감소와 함께 신축건물의 일부를 대체 보상받았다. 동 토지와 건물은 기존과 같이 영업점으로 사용한다.

	구 영업점	신 영업점
토지	1,000m^3 (장부금액 : 1억원)	500m^3
건물	3,000m^3 (순장부금액 : 5억원)	6,000m^3

* 신축 오피스 전체 토지면적 : 5,000m^3, 건물 전체 연면적 : 30,000m^3
신축 오피스 전체 감정평가액 : 240억원

질문 1 | 유진(주)의 구 영업점을 신 영업점으로 교환하는 경우 신 영업점의 취득원가는 어떻게 측정하는가?

질문 2 | 신 영업점의 공정가치는 어떻게 측정하는가? 그리고 이러한 공정가치 정보는 정보이용자에게 유용한가?

질문 3 | 신 영업점을 공정가치로 측정할 때 유진(주)의 경영진은 어떤 추정과 판단을 필요로 하는가?

3.5.2 후속 측정

유형자산의 후속 측정시 원가모형을 선택할 경우 감가상각과 관련한 다양한 추정과 판단(감가상각방법, 감가상각 측정단위, 내용연수, 잔존가치 산정)이 필요하며, 재평가모형을 선택하더라도 다양한 측정 이슈가 발생한다. 강사는 후속 측정시 필요한 경영진의 추정, 판단, 모형 선택으로 회계정보를 산출하더라도 정보가 유용하지 않다는 것을 의미하는 것이 아님을 교육참가자들에게 분명히 이해시킬 필요가 있다. 또한 측정시 사용한 추정은 상황의 변화나 추가정보에 따라 변경될 수 있고 이로 인해 정보의 유용성이 향상될 수 있음을 이해하도록 도와야 한다. 추정의 변경은 오류의 수정이 아니므로 소급법을 적용하지 않는다. 다음 관련 규정을 참고한다.

K-IFRS 제1016호 '유형자산'

29. 기업은 문단 30의 원가모형이나 문단 31의 재평가모형 중 하나를 회계정책으로 선택하여 유형자산 분류별로 동일하게 적용한다.

30. 최초 인식 후에 유형자산은 원가에서 감가상각누계액과 손상차손누계액을 차감한 금액을 장부금액으로 한다.

31. 최초 인식 후에 공정가치를 신뢰성 있게 측정할 수 있는 유형자산은 재평가일의 공정가치에서 이후의 감가상각누계액과 손상차손누계액을 차감한 재평가금액을 장부금액으로 한다. 재평가는 보고기간 말에 자산의 장부금액이 공정가치와 중요하게 차이가 나지 않도록 주기적으로 수행한다.

43. 유형자산을 구성하는 일부의 원가가 당해 유형자산의 전체원가에 비교하여 유의적

이라면, 해당 유형자산을 감가상각할 때 그 부분은 별도로 구분하여 감가상각한다.

50. 유형자산의 감가상각대상금액은 내용연수에 걸쳐 체계적인 방법으로 배분한다.

51. 유형자산의 잔존가치와 내용연수는 적어도 매 회계연도 말에 재검토한다. 재검토결과 추정치가 종전 추정치와 다르다면 그 차이는 기업회계기준서 제1008호 '회계정책, 회계추정의 변경 및 오류'에 따라 회계추정의 변경으로 회계처리한다.

60. 유형자산의 감가상각방법은 자산의 미래 경제적 효익이 소비될 것으로 예상되는 형태를 반영한다.

61. 유형자산의 감가상각방법은 적어도 매 회계연도 말에 재검토한다. 자산에 내재된 미래 경제적 효익의 예상되는 소비형태가 유의적으로 달라졌다면, 달라진 소비형태를 반영하기 위하여 감가상각방법을 변경한다. 그러한 변경은 기업회계기준서 제1008호에 따라 회계추정의 변경으로 회계처리한다.

유형자산의 손상여부를 결정하기 위해서는 K-IFRS 제1036호를 적용한다. 매 보고기간 말마다 유형자산 손상을 시사하는 징후가 있는지를 검토하고, 만약 그러한 징후가 있다면 당해 유형자산의 회수가능액을 추정하여 손상여부를 검토한다. 손상을 시사하는 징후의 예로는 유형자산의 급격한 시가하락이나 진부화 또는 물리적인 손상 등이 있으며 이러한 징후 중에서 어느 하나라도 있으면 정식으로 회수가능액을 추정하여야 한다. 회수가능액은 유형자산 또는 현금창출단위의 처분부대원가를 차감한 공정가치와 사용가치 중 큰 금액으로 측정한다. 유형자산의 장부금액이 회수가능액을 초과하면 자산의 손상이 발생한 것이므로 장부금액과 회수가능액의 차이를 손상차손으로 인식한다. 다음의 관련 규정을 참고한다.

K-IFRS 제1036호 '자산손상'

8. 자산의 장부금액이 회수가능액을 초과할 때 자산은 손상된 것이다. 문단 12~14는 자산손상을 시사하는 몇 가지 징후에 대하여 설명하고 있다. 만약 이러한 징후 중에

서 어느 하나라도 있으면 정식으로 회수가능액을 추정하여야 한다. 그러나 자산손상을 시사하는 징후가 없으면 문단 10에서 정하고 있는 경우를 제외하고는 정식으로 회수가능액을 추정할 필요가 없다.

9. 매 보고기간 말마다 자산손상을 시사하는 징후가 있는지를 검토한다. 만약 그러한 징후가 있다면 당해 자산의 회수가능액을 추정한다.

12. 자산손상을 시사하는 징후가 있는지를 검토할 때는 최소한 다음을 고려한다.

외부정보

(1) 회계기간 중에 자산의 시장가치가 시간의 경과나 정상적인 사용에 따라 하락할 것으로 기대되는 수준보다 유의적으로 더 하락하였다는 관측가능한 징후가 있다.

(2) 기업 경영상의 기술 · 시장 · 경제 · 법률 환경이나 해당 자산을 사용하여 재화나 용역을 공급하는 시장에서 기업에 불리한 영향을 미치는 유의적 변화가 회계기간 중에 발생하였거나 가까운 미래에 발생할 것으로 예상된다.

(3) 시장이자율(시장에서 형성되는 그 밖의 투자수익률을 포함한다. 이하 같다)이 회계기간 중에 상승하여 자산의 사용가치를 계산하는 데 사용되는 할인율에 영향을 미쳐 자산의 회수가능액을 중요하게 감소시킬 가능성이 있다.

(4) 기업의 순자산 장부금액이 당해 시가총액보다 크다.

내부정보

(5) 자산이 진부화되거나 물리적으로 손상된 증거가 있다.

(6) 회계기간 중에 기업에 불리한 영향을 미치는 유의적 변화가 자산의 사용범위 및 사용방법에서 발생하였거나 가까운 미래에 발생할 것으로 예상된다. 이러한 변화에는 자산의 유휴화, 당해 자산을 사용하는 영업부문을 중단하거나 구조조정하는 계획, 예상 시점보다 앞서 자산을 처분하는 계획 그리고 비한정 내용연수를 유한 내용연수로 재평가하는 것 등을 포함한다.

(7) 자산의 경제적 성과가 기대수준에 미치지 못하거나 못할 것으로 예상되는 증거를 내부보고를 통해 얻을 수 있다.…

13. 문단 12에는 자산손상을 시사하는 징후가 모두 열거되어 있지 아니하다. 따라서 자산손상을 시사하는 다른 징후가 있는 경우에도 회수가능액을 추정한다. 영업권의

경우에는 문단 80~99에 따라 손상검사를 수행한다.

14. 내부보고를 통해 발견할 수 있는 자산손상을 시사하는 증거의 예는 다음과 같다.
    (1) 자산의 매입, 운영 및 관리에 쓰이는 현금지출액이 당초 예상수준을 유의적으로 초과한다.
    (2) 자산에서 발생하는 실제 순현금흐름이나 실제 영업손익이 당초 예상수준에 비해 유의적으로 악화된다.
    (3) 자산에서 발생할 것으로 예상되는 순현금흐름이나 예상 영업손익이 유의적으로 악화된다.
    (4) 자산에서 발생하는 순현금흐름 또는 영업손익 각각의 당기 실적치와 미래 예상치를 합산한 결과, 순현금유출이나 영업손실이 발생할 것으로 예상된다.

17. 자산손상을 시사하는 징후가 있다면 이는 비록 당해 자산에 대해 손상차손을 인식하지 않더라도 자산의 잔여내용연수, 감가상각(상각)방법 또는 잔존가치를 당해 자산에 적용되는 한국채택국제회계기준서에 따라 검토하여 이를 조정할 필요가 있음을 나타내는 것일 수 있다.

18. 이 기준서에서는 회수가능액을 자산 또는 현금창출단위의 처분부대원가를 차감한 공정가치와 사용가치 중 큰 금액으로 정의한다. 문단 19~57은 회수가능액의 측정에 대해 규정한다. 동 문단에서는 '자산'이라는 용어를 사용하고 있지만 개별 자산뿐만 아니라 현금창출단위에도 동일하게 적용한다.

19. 회수가능액을 측정할 때에 항상 처분부대원가를 차감한 공정가치와 사용가치 모두를 추정할 필요는 없다. 처분부대원가를 차감한 공정가치나 사용가치 중 하나의 금액이 장부금액을 초과한다면 자산이 손상되지 않았으므로 다른 금액을 추정할 필요가 없다.

아래 제시된 사례들과 관련 질문들을 활용하여 강사는 교육참가자들이 유형자산의 후속 측정에 대해 충분히 토론할 수 있도록 유도한다.

> 사례 44 출판단지 내 물류창고의 후속 측정(원가와 효익의 균형 고려)

〈시나리오 1〉

호명(주)는 파주출판단지에 100,000m^2 규모의 대규모 물류창고를 보유하고 있다. 물류창고와 관련한 담보대출은 없으며 기업은 대주주가 100% 보유하고 있는 비상장기업이다. 기업은 물류창고의 인식시점 이후의 측정방법으로 원가모형을 사용할지 재평가모형을 사용할지 고민하고 있다.

〈시나리오 2〉

여명(주)는 파주출판단지에 100,000m^2 규모의 대규모 물류창고를 보유하고 있다. 물류창고를 담보로 기업은 상당한 규모의 내출을 실행하기 위하여 은행과 협상중에 있으며, 기업은 지배주주가 60% 비지배주주가 40% 보유하고 있는 상장기업이다. 기업은 물류창고의 인식시점 이후의 측정방법으로 원가모형을 사용할지 재평가모형을 사용할지 고민하고 있다.

질문 1 | 유형자산의 후속 측정으로 원가모형과 재평가모형 중 어느 모형이 보다 유용한 정보를 제공하는가?

질문 2 | 각 기업의 경영진이 물류창고의 후속 측정으로 원가모형 또는 재평가모형을 선택할 때 고려해야 할 사항은 무엇인가?

> 사례 45 잠수함의 후속 측정

우버(주)는 제주도 해저여행을 제공하기 위해 잠수함 제작을 의뢰(10억원)하였으며, 20X0년 12월 21일에 제작사로부터 잠수함 건조가 완료되었다는 연락을 받았다. 다음은 잠수함과 관련된 사항이다.

- 20X1년 1월 7일에 잠수함이 도착하였다.
- 2월에 고급여행을 제공하기 위해 좀 더 낮은 해저까지 잠수할 수 있도록 잠수함 일부 내부장치를 수정(추가원가 : 1억원)하였다.
- 3월에 잠수함 검사(발생원가 : 5천만원)를 받았으며, 3월 31일에 진수식을 치르고 해저여행을 제공할 준비가 되었다.
- 잠수함이 일정 해저에 닿으면 여행객의 볼거리를 위해 잠수부가 물고기를 유인해 일정규모의 쇼를 보여주는 프로그램이 있으나, 이런 숙련된 잠수부를 찾기 어려워 4월에 일반 잠수부를 고용해 훈련(발생원가 : 5백만원)하도록 하였으며 이 기간에는 잠수함 운항을 할 수 없었다.

- 휴가시즌 전인 5월~6월은 관광객이 적어 수익성이 낮은 수준에서 운항된다.
- 우버(주)의 경영진은 잠수함의 용역 잠재력이 약 10년에 걸쳐 소비될 것으로 예상하고 있으며, 경영진은 미래가격 변동을 상당히 낙관적으로 기대하여 10년 후 처분시 1억원을 받을 수 있을 것으로 예상한다.
- 잠수함은 3년에 한 번 검사를 받아야 하며, 우버(주)는 20X4년 3월 말에 2차 검사를 받고 5천만원을 지급하였다. 또한 검사 때마다 잠수함의 내부 의자 등을 교체(교체원가 : 30만원)하기로 하였다.
- 20X4년 6월 심각한 경기불황과 대형 선박사고로 해상 관광객이 급감하여 잠수함 운항을 중단하였다. 그러나 우버(주)의 경영진은 경제 상황이 개선되어 관광객이 증가할 것으로 예상하고 있으며 잠수함은 작동가능한 상태로 유지하고 있다.
- 20X5년 2월에 우버(주)는 다시 운항하기 시작하였다.
- 20X5년 12월 31일에 우버(주)는 경쟁 여행사인 소깍(주)로부터 잠수함을 매입하겠다는 제안을 받아들여 즉시 매각하였다.

질문 1 | 우버(주)는 언제 잠수함의 감가상각을 시작하여야 하는가?

질문 2 | 4월에 잠수부를 훈련하면서 발생한 원가의 회계처리는 어떻게 하는가?

질문 3 | 잠수함의 여러 구성요소(취득원가, 추가원가, 검사원가, 내부 비품 교체원가)를 단일 기준으로 감가상각해야 하는가? 별도로 감가상각해야 하는가?

질문 4 | 잠수함의 잔존가치는 얼마인가?

질문 5 | 우버(주)는 잠수함 운행을 일시 중단한 기간 동안 잠수함의 감가상각을 중지해야 하는가?

질문 6 | 우버(주)는 언제 잠수함의 감가상각을 중단해야 하는가?

사례 46 회계변경 및 추정의 변경

삼도반도체(주)는 반도체칩과 반도체 응용제품의 연구개발 및 생산판매를 하고 있다. 한편, 삼도반도체(주)는 제1공장의 유형자산에 대해 다음과 같은 감가상각방법을 사용하고 있다.

구 분	제1공장
건물	정액법 (내용연수 : 40년)
기계장치 및 설비	정률법 (내용연수 : 4년)

최근 신축한 제2공장은 막대한 투자 및 기술개발과 제2공장의 기계장치 및 설비에 대한 정률법 적용으로 중대한 손익 왜곡이 발생하였으며, 이를 비합리적인 상황이라 판단하여 감가상각방법을 정액법(내용연수도 6년)으로 변경할 계획이다. 한편 제1공장의 기계장치 및 설비에 대해서도 실질적 내구연수가 10년 이상이라는 판단하에 내용연수 6년으로 변경할 계획이다.

질문 1 | 제1공장의 기계장치 및 설비는 정률법으로 제2공장의 기계장치 및 설비는 정액법으로 감가상각하는 것이 적절한가?

질문 2 | 제1공장의 기계장치 및 설비의 실질적 내구연수가 10년 이상임에도 감가상각시 내용연수를 6년으로 상각하는 것이 적절한가?

사례 47 손상

선진산업(주)는 산업폐기물의 매립 및 소각 사업을 주로 하고 있다. 선진산업(주)의 토지의 공시지가는 2014년 말 현재 장부금액의 25% 수준이며 지속적으로 하향추세에 있다. 선진산업(주)가 폐기물매립사업을 영위하고 있으므로 이러한 매립사업 등으로 토지(특히 매립부속토지)가치가 하락하는 측면도 있다. 그러나 이 매립장은 매립이 완료되면 지목이 현재의 답ㆍ임야에서 잡종지로 변경되며, 물류센터와 주차장으로 이용할 수 있는 지리적 여건도 갖추고 있어 미래가치가 없다고 단정할 수는 없다.

최근 선진산업(주) 경영진은 매립지의 공시지가가 하락하고 있어 토지에 대해 손상을 인식해야 하는지 고민에 빠져 있다.

질문 1 | 공시지가의 지속적인 하락이 토지의 자산손상을 시사하는 징후에 해당하는가?

질문 2 | 토지의 자산손상을 시사하는 징후가 확인되었다면 손상을 인식해야 하는가?

3.6 단계 6 제거

제거란 이미 인식된 자산이나 부채를 재무상태표에서 삭제하는 것이다. 따라서 제거란 특정 항목을 재무제표에서 제거해야 하는지, 제거한다면 언제 얼마의 금액을 제거해야 하는가의 문제라 할 수 있다.

개념체계는 기업의 재무상태표에 자산을 최초로 인식해야 할 때의 개념(인식기준)을 제공하지만, 자산을 재무상태표에서 제거해야 할 때의 개념(제거기준)은 제공하지 않는다. 따라서 자산의 제거는 적용되는 K-IFRS에서 정하는 제거기준에 따라 이루어져야 한다. 즉, 강사는 교육참가자와 해당 기준서의 제거규정에 대하여 토론하여야 한다.

기준서의 제거기준은 기준서별로 동일하지 않은 경우도 있다. 또한 제거의 시점이 분명하지 않은 경우도 있다. 예를 들어, 유형자산의 경우 유형자산의 장부금액은 유형자산의 처분시점과 사용이나 처분으로 미래 경제적 효익이 예상되지 않는 시점 중 이른 시점에 제거하도록 규정하고 있다. 그러나 특정 자산의 인식기준을 더 이상 충족하지 못하더라도 반드시 자산을 제거해야 하는 것은 아니며, 인식된 자산이 자산의 정의를 더 이상 충족하지 못하더라도 반드시 제거해야 하는 것은 아니다. 자산의 제거를 논할 때는 각 기준서에서 요구하는 제거기준과 함께 예외사항에 대한 토론이 필요할 것이다.

유형자산의 제거로 인하여 발생하는 손익은 순매각대금과 장부금액의 차이로 결정되며 당기손익으로 인식한다. 이는 수익과 비용은 상계하지 않는다고 명시한 K-IFRS 제1001호 '재무제표 표시'의 문단 32의 표시 원칙과는 다르다. 재화의 판매수익은 전형적으로 유형자산처분이익과 다르게 비슷한 금액으로 반복하여 발생할 가능성이 더 높다. 따라서 K-IFRS 제1016호에서는 유형자산처분이익을 기타 수익으로 분류한다. 또한 재평가모형을 사용하여 재평가된 자산을 제거하는 경우에는, 해당 유형자산에서 발생하여 자본에 인식한 재평가잉여금을 이익잉여금으로 대체할 수 있다. 그러나 상기 금액을 당기손익으로는 대체할 수 없다. K-IFRS 제1016호 문단 67~72는 유형자산의 제거와 관련한 규정을 다음과 같이 제시하고 있다.

67. 유형자산의 장부금액은 다음과 같은 때에 제거한다.
    (1) 처분하는 때
    (2) 사용이나 처분을 통하여 미래 경제적 효익이 기대되지 않을 때

68. 유형자산의 제거로 인하여 발생하는 손익은 자산을 제거할 때 당기손익으로 인식한다(단, 기업회계기준서 제1017호 '리스'에서 판매후리스에 대하여 달리 규정하고 있는 경우는 제외). 이익은 기타 수익으로 분류한다.

68A. 그러나 정상적인 활동과정에서 타인에게 임대할 목적으로 보유하던 유형자산을 판매하는 기업은, 유형자산의 임대가 중단되고 판매목적으로 보유하게 되는 시점에 이러한 자산의 장부금액을 재고자산으로 대체하여야 한다. 이러한 자산의 판매 대가는 기업회계기준서 제1018호 '수익'에 따라 수익으로 인식해야 한다. 정상적인 활동과정에서 판매목적으로 보유하는 자산이 재고자산으로 대체되는 경우에는 기업회계기준서 제1105호가 적용되지 않는다.

69. 유형자산은 여러 방법(예 : 판매, 금융리스의 체결 또는 기부)으로 처분할 수 있다. 자산의 처분시점을 결정할 때에는 기업회계기준서 제1018호의 재화 판매에 관한 수익 인식기준을 적용한다. 판매후리스에 의한 처분에 대해서는 기업회계기준서 제1017호를 적용한다.

70. 문단 7의 인식원칙에 따라 유형자산 항목의 일부에 대한 대체원가를 자산의 장부금액으로 인식하는 경우, 대체되는 부분이 별도로 분리되어 상각되었는지 여부와 관계없이 대체된 부분의 장부금액은 제거한다. 대체된 부분의 장부금액을 결정하는 것이 실무적으로 불가능한 경우에는, 대체된 부분을 취득하거나 건설한 시점의 원가를 추정하기 위한 지표로 그 대체원가를 사용할 수도 있다.

71. 유형자산의 제거로 인하여 발생하는 손익은 순매각금액과 장부금액의 차이로 결정한다.

72. 유형자산의 처분대가는 최초에 공정가치로 인식한다. 유형자산에 대한 지급이 지연되면, 처분대가는 최초에 현금가격상당액으로 인식한다. 처분대가의 명목금액과 현금가격상당액의 차이는 기업회계기준서 제1018호에 따라 처분으로 인하여 받을 금액에 유효이자율을 반영하여 이자수익으로 인식한다.

아래 제시된 사례들과 관련 질문들을 활용하여 강사는 교육참가자들이 유형자산의 제거에 대하여 충분히 토론할 수 있도록 유도한다.

사례 48 매각예정 건물[8)]

원인터내셔널(주)의 경영진은 본사 건물을 취득한 후에 건물의 내용연수를 취득일부터 50년으로 추정하였다. 건물의 매각을 결정하기 전에 기업은 내용연수에 걸쳐 건물을 사용할 의도였고 50년 후에는 건물의 가치가 없을 것으로 예상하였다. 건물의 폐기로 중요한 현금흐름은 생기지 않을 것으로 예상하였다. 경영진은 건물의 미래 경제적 효익을 50년에 걸쳐 균등하게 소비할 것으로 예상하였다. 20X5년 12월 31일에 기업은 본사 건물을 매각하기로 결정하고 매수자를 찾기 시작하였다. 기업은 건물을 비운 후 매수자에게 건물을 양도하려고 한다. 건물을 비우기 위해 시간이 걸리는 것은 이러한 자산의 매각에는 흔히 있는 관례이다. 건물은 몇 개월 내에 처분될 가능성이 매우 높다.

20X5년 12월 31일에,

(1) 건물의 장부금액은 1,000,000원[=2,000,000원(역사적 원가)−1,000,000원(감가상각누계액)]이다.

(2) 건물의 공정가치는 3,000,000원이다.

(3) 추정처분부대원가는 300,000원이다.

20X6년 2월 2일에 건물을 3,100,000에 매각하였고, 250,000원의 부대원가가 발생하였다.

질문 1 | 원인터내셔널(주)는 본사 건물에 대한 감가상각을 언제 중단하는가?

질문 2 | 원인터내셔널(주)는 20X5년 12월 31일로 종료되는 회계연도의 재무제표에 본사 건물을 어떻게 표시할 것인가?

8) Example 32, Stage 2-Property, plant and equipment with other non-financial assets, K-IFRS Foundation: Framework-based K-IFRS Teaching Material

질문 3 | 원인터내셔널(주)는 매각예정비유동자산으로 분류된 본사 건물을 어떻게 측정해야 하는가?

질문 4 | 20X6년 2월 2일 매각예정비유동자산의 매각으로 생긴 손익은 얼마이며, 어떻게 회계처리해야 하는가?

사례 49 매각예정 제조설비

삼우전자(주)는 다양한 전자제품을 제조 · 판매하는 기업이다. 최근 이사회에서 컴퓨터 제조설비를 관련 영업과 함께 매각하기로 확정하고, 매수자를 찾기 시작하였다. 삼우전자(주)는 컴퓨터 제조설비를 매각하는 날까지 제조설비를 가동하여 계속 주문을 받고 제품을 생산할 예정이다. 제조설비 매각일에 미완성 주문 잔량이 있다면 이것도 매수자에게 양도할 예정이다(K-IFRS 제1105호, 사례 2 참조).

질문 | 삼우전자(주)는 이사회에서 매각하기로 결정한 컴퓨터 제조설비를 매각예정으로 분류할 수 있는가?

사례 50 매각예정 공장 토지 1

율포정유(주)는 이사회에서 요수포에 있는 정유공장을 폐쇄하고 공장 토지 일부를 매각하기로 확정하고, 매수자를 찾기 시작하였다. 토지는 토지의 매각가치를 증가시키기 위해 공장설비를 완전히 제거하여 원형상태로 매각할 예정이다.

질문 | 율포정유(주)는 이사회에서 매각하기로 확정한 토지를 유형자산에서 제거하고 매각예정으로 분류할 수 있는가?

사례 51 매각예정 공장 토지 2

율포정유(주)는 사례 50의 토지 위의 공장설비를 완전히 제거하여 원형상태로 복구하여 매각예정으로 분류하였다. 그러나 오랜 정유공장의 가동으로 토지의 환경오염이 심하였으며, 율포정유(주) 확정매각계약을 체결하기 전에 관련 법규에 따라 환경복구를 완료해야 함을 알게 되었다.

질문 | 율포정유(주)는 이사회에서 매각하기로 확정한 토지를 유형자산에서 제거하고 매각예정으로 분류할 수 있는가?

사례 52 폐기[9]

20X5년 10월에 카튼(주)는 주요 사업인 면직물 제조를 중단하기로 결정하였다. 따라서 면직공장을 폐쇄할 것이며 모든 작업은 20X6년 6월 30일에 중단된다.

질문 | 20X5년 12월 31일로 종료되는 회계연도에 카튼(주)의 재무제표에서 면직공장의 손익과 현금흐름은 계속영업으로 보고되는가 아니면 중단영업으로 보고되는가?

사례 53 유형자산 항목의 일부에 대한 대체원가 제거

하이반도체(주)는 메모리 반도체 제품을 생산하는 반도체 제조회사이다. 회사의 반도체 생산 설비 중 후공정장비에 해당하는 레이저 마킹 장비의 컨트롤러가 손상되어 이를 교체하였다.

교체에 소요된 원가는 4천만원이며, 손상되어 대체된 기존 컨트롤러의 장부금액을 결정하는 것은 실무적으로 불가능하다. 다만, 대체원가 4천만원은 현재 레이저 마킹 장비 총가치의 20%를 차지하며, 과거 레이저 마킹 장비의 취득시점의 구입 원가는 1억 5천만원이다.

질문 | 하이반도체(주)는 레이저 마킹 장비의 컨트롤러를 교체하기 위하여 발생한 원가와 손상되어 대체된 부분의 제거에 대해 어떻게 회계처리해야 하는가?

9) Example 33, Stage 2-Property, plant and equipment with other non-financial assets, K-IFRS Foundation: Framework-based K-IFRS Teaching Material

3.7 단계 7 표시와 공시

표시와 공시는 기업의 재무제표에 무엇이 어떻게 표시되고 공시되어야 하는가 하는 문제이다. 개념체계의 근본적 질적 특성 중 충실한 표현이 표시 및 공시와 밀접한 관련이 있다.

재무보고서는 경제적 현상을 글과 숫자로 나타내는 것이기 때문에 재무정보가 유용하기 위해서는 목적적합한 현상을 표현하는 것뿐만 아니라 나타내고자 하는 현상을 충실하게 표현해야 한다. 충실한 표현을 위해서는 서술에 세 가지의 특성이 있어야 할 것이다. 즉, 서술은 완전하고, 중립적이며, 오류가 없어야 할 것이다. 물론 완벽하게 충실한 표현은 달성하기 어렵다. 따라서 가능한 정도까지 그 특성을 극대화하면 될 것이다. 충실한 표현 이외에 표시 및 공시와 관련이 있는 개념체계의 내용으로는 비교가능성, 검증가능성, 적시성, 이해가능성 등의 보강적 질적 특성이 있다. 질적 특성 중 일부가 표시와 공시에 대한 개념을 보여주기는 하지만 현재 개념체계에는 표시와 공시에 대한 구체적 언급은 없다. 따라서 K-IFRS 제1001호 '재무제표 표시'와 단계 4에서 파악한 관련 기준서의 규정을 고려해야 한다. 그럼에도 불구하고, 표시와 공시에 있어서도 재무보고의 목적을 고려하여 유용한 정보를 제공한다는 재무보고의 목적을 성취하는 가장 적절한 형태로 표시와 공시가 이루어진다는 것을 강조해야 한다. 즉, 충실하지 못한 표현은 정보이용자의 의사결정에 유용한 정보를 제공하지 못한다.

참고 목적으로, 공시와 관련하여 현재 IASB는 '공시에 대한 원칙(Principles of disclosure)'을 정립하기 위하여 연구를 진행중에 있다. IASB는 '공시에 대한 원칙' 기초안(Discussion Paper)을 2015년 12월에 발표할 예정이다.

유형자산은 K-IFRS 제1016호에서 표시 및 공시와 관련된 규정을 제시하고 있다. 예를 들어, 건물과 같은 유형자산에 대해서는 다음과 같은 사항을 표시 및 공시하도록 규정하고 있다.

표시 규정	공시 규정
• 장부금액은 재무상태표에 별도 항목으로 표시 • 이용자의 경제적 의사결정 목적에 가장 유용하도록 해당 정보를 나타내기 위하여 유형자산, 투자부동산, 재고자산으로 분류 • 건물의 장부금액이 계속사용이 아닌 매각거래를 통하여 주로 회수될 것이라면 이를 매각예정으로 분류	• 장부금액 측정기준, 감가상각방법, 내용연수 • 기초 및 기말 장부금액, 기중 변동에 대한 정보 • 소유권 제한 내용 및 기타 약정 • 재평가모형을 사용한 경우 제1113호 '공정가치'에서 규정하는 추가 정보 • 재무제표 본문에는 표시되지 않지만 재무제표를 이해하는 데 목적적합한 정보

기타 자세한 유형자산의 표시 및 공시와 관련된 규정은 K-IFRS 제1016호 문단 73~79와 K-IFRS 제1001호 '재무제표 표시'를 참조한다.

아래 제시된 사례들과 관련 질문들을 활용하여 강사는 교육참가자들이 유형자산의 표시 및 공시에 대하여 충분히 토론할 수 있도록 유도한다.

> **사례 54** 유형자산의 공시

제이콥호텔(주)는 서울 용산구 한남동에 지하 5층, 지상 30층 규모에 600개의 객실을 보유한 특급호텔을 소유하고 있다. 호텔의 효과적인 관리를 위해 제이콥호텔(주)는 크린용역(주)와 객실청소, 주차장 관리 등의 관리계약을 맺고 있다.

질문 | 제이콥호텔(주)가 해당 특급호텔과 관련하여 공시해야 할 사항은 무엇인가?

> **사례 55** 수익(총액 표시) 또는 이익(순액 표시)[10]

엘사레저(주)는 자전거 점포 체인으로 자전거를 단기 임대 목적과 판매 목적으로 보유한다. 임대 자전거는 2년이나 3년 사용한 후에 중고 모델로 판매한다.

질문 | 엘사레저(주)는 중고 자전거의 처분을 어떻게 표시해야 하는가?

10) Example 34, Stage 2-Property, plant and equipment with other non-financial assets, K-IFRS Foundation: Framework-based K-IFRS Teaching Material

사례 56 소분류 원칙(유형자산의 분류)[11)]

서규상사(주)는 다음과 같은 유형자산 항목을 보유하고 있다.

(1) A 토지 : 새로운 관리본부를 건설하려는 빈 토지
(2) B 토지 : 매립지로 운영하는 빈 토지
(3) C 토지 : 현재의 관리본부가 있는 토지
(4) D 토지 : 직접 관리하는 판매점이 지어진 토지
(5) E1-E10 토지 : 10개의 소매점이 지어진 토지
(6) 장비 A : 소매 아웃렛의 POS(point-of-sale) 컴퓨터 시스템이 통합된 본부 및 직접 판매소의 컴퓨터 시스템
(7) 장비 B : 각각의 소매점에 있는 POS 컴퓨터 시스템
(8) 관리본부와 직접 판매점의 가구와 기구
(9) 소매점에 있는 내부 시설과 기구

강사는 다음의 질문들을 통해 참가자들에게 위의 자산을 별도의 자산 분류로 표시해야 하는지 생각해보도록 유도한다.

우선 강사는 질문 전에 다음의 사항을 교육참가자들이 명확히 숙지할 수 있도록 설명한다. 유형자산은 반드시 소분류해야 한다. 유형자산의 분류는 영업상 유사한 성격과 용도로 분류한다(예 : 토지, 건물, 기계장치, 선박, 항공기, 차량운반구, 사무용비품 등). 이러한 분류 원칙의 적용에는 판단이 필요하며, 이는 다른 기준서들도 마찬가지이다.

질문 1 | 건물이 없는 토지는 건물이 있는 토지와 별도로 분류해야 하는가?

질문 2 | 매립지로 사용하는 토지는 빈 토지와 별도로 분류해야 하는가?

질문 3 | 기업의 소매점은 그 특성과 용도가 사무실 건물과 충분히 다른 경우 별도의 토지와 건물로 분류해야 하는가?

질문 4 | 컴퓨터 장비는 조직 내에서 통합되기 때문에 하나의 별도 자산 분류로 분류해야 하는가?

---

11) Example 35, Stage 2-Property, plant and equipment with other non-financial assets, K-IFRS Foundation: Framework-based K-IFRS Teaching Material

Chapter

4 사례를 활용한 FBT 전달방법

'사례(Case)를 활용한 교육방법'은 FBT에 가장 효과적 전달방법 중 하나이다. 따라서 회계에 대한 FBT를 수행하고자 할 경우에는 사례교육방법을 활용하여 교육효과를 높일 것을 제안한다. 이러한 관점에서 본장에서는 회계 관련 FBT의 수행시 적용할 수 있는 사례교육방법(delivery of teaching with cases, 이하 '사례교육')의 내용을 소개한다.[1)]

본장은 다음과 같이 구성된다. 4.1절에서는 사례교육방법의 개요를 살펴본다. 4.2절에서는 회계 FBT에 적용할 수 있는 사례교육방법의 대표적 수행절차를 소개한다. 4.3절에서는 사례교육에 적용하는 방법들의 구체적 도구와 수단들을 설명한다.

1) 본장의 주요 내용은 Lima and Fabiani(2014)와 Andersen and Schiano(2014)의 내용을 중심으로 회계에 대한 FBT에 활용될 수 있다고 판단되는 내용을 요약한 것이다.

4.1 사례교육의 개요

4.1.1 사례교육의 정의

‘사례방법(case method)’은 교육전달방법의 한 가지 유형으로서, 실제 상황에 대한 합리적 분석을 기초로 한 활동적인 학습방법이다. Naumes and Naumes(2012)는 사례(case)를 ‘과거에 발생했던 상황을 사실적으로 기술한 것’이라고 정의하였다. 이러한 관점에서 보면 허구의 이야기는 실제 사례연구에서 얻을 수 있는 지적인 엄격함이 결여될 수도 있다. 구체적으로, 사례는 실제 사례에서 실제 사람들이 행한 생각과 분석을 따라해 봄으로써 실제 상황을 학습하는 수단이다. 이러한 체험적(heuristic) 판단은 때로는 최선의 해답이나 최적 해법을 주지 못한다는 모호성 때문에 불편함을 느끼게 할 수도 있다. 그러나 사례에 적용하는 분석방법 적용능력을 개발함으로써, 미래에 마주치는 상황에 개념과 이론을 적용하는 능력을 기를 수 있게 한다.

위 사례교육에 대한 개념정의는 다음과 같은 사례학습방법[2]과 일맥상통한다. 즉, 일반적으로 사례연구에서는 절대로 결론이나 정답을 제시하지 않으며 모든 해석과 결론도출은 참여자들에게 전적으로 맡겨 놓는다. 이 방법은 해당 사례가 구조화되어 있지 않거나 뒤죽박죽인 문제를 대처하는 데 특별히 도움이 된다. 이러한 연구대상 사례들은 다음 특성을 갖는다(Abell 1997).

- 토론을 통해서 선정하게 되는 경영이슈들을 포함한다.
- 관련된 특정 주제를 다룬다.
- 상이한 해석, 판단, 행동계획들과 연결될 수 있는 쟁점들을 제기한다.

---

2) 이 사례학습방법은 Harvard Business School에서 처음 보편화한 방법으로 알려져 있으며, 따라서 이를 ‘Harvard-style’ 사례학습방법이라고 불린다. 일반적으로 Harvard approach로 불리는 사례교육의 진행과정 단계는 다음과 같다(Lima and Fabiani 2014).
- 제1단계-사례의 이해(Stage 1-Case discovery)
- 제2단계-사례의 분석(Stage 2-Analysis/diagnosis)
- 제3단계-사례에 대한 토론(Stage 3-Case discussion)
- 제4단계-사례에 대한 개념체계의 적용(Stage 4-Conceptual framework application)

- 대비 또는 비교하는 설명내용을 포함한다.
- 수강생들로 하여금 해당 사례에서 배운 내용과 기초개념을 일반화하여 다른 상황에 적용할 수 있게 한다.
- 해당 이슈를 다루기 위해서 필요한 정보를 포함한다. 이러한 정보의 예로는, 제품설명, 산업, 관련 인력 등을 들 수 있으며, 양적·질적 자료형식을 모두 취할 수 있다.
- 보통 설명문 형태를 취하며, 여기에는 각 수강참석자의 관점과 이에 따른 상황설명 및 공식적 또는 비공식적 조직 내 절차의 설명들을 포함한다.
- 체계적으로 구조화되어 있다.
- 보통은 10~20페이지 정도의 본문과 5페이지 이내의 붙임자료로 구성된다.

4.1.2 사례교육의 효익

FBT에 사례교육(case studies)을 적용하면 연역적 사고방법을 강조함으로써, 추가적 효익을 얻을 수도 있다. 예를 들어, 특정 문제나 상황을 판단할 때 '큰 그림'을 보면서, 모형의 개별 변수들을 함께 고려하는 연습을 할 수 있다. 학생들은 실무적 적용이 안 되는 이론공부를 불편하게 생각하는 경향이 있으나, 개념체계 틀을 통해서 문제를 보는 방법을 익히게 되면 실제 상황에서 실무적 가치를 크게 증가시킬 수 있을 것이다.

4.1.3 사례교육의 한계점

사례교육도 물론 한계점이 있다. 첫 번째 사항은 사례교육이 만병통치약(panacea)이 아니며, 유일한 교육학적 방법이 되는 것도 아니라는 점이다. 다음은 사례교육의 약점으로 거명되는 대표적 내용들이다.

- 학생들이 의사결정이나 분석과정 이후에 실제 상황에서 예상되는 결과를 잘 알 수 없기 때문에, 사례교육의 사실성은 한계가 있을 수 있다.
- 실제 상황에서 관리자들은 오랜 기간 동안 여러 과정을 거쳐서 많은 종류의 정보들을 수집하여 의사결정을 하기 때문에, 사례교육에서 제시된 몇 페이지의 정보나 붙임자료만 가지고도 어려움 없이 문제를 해결할 수 있다. 그러나 정보를 찾는 과정 자체가 중요한 능력의 개발을 위한 것인데, 사례교육에서는 이러한 능력개발 과정을 충분히 수행하지 않는다(다만, 사례조사 과정에서 인터넷이나 경영·경제·회계 관련 자료를 활용해서 자료를 수집하도록 요구하면, 이러한 과정 중 일부 능력을 개발할 수도 있다).
- 특정 이슈에만 집중하게 됨으로써, 연구대상 문제를 특정 주제에만 종속되는 것으로 과대포장될 수도 있다.
- 사례교육에서는 단기간에 요구한 과제를 처리하도록 요구하게 되므로 장기적 관점의 사고를 제한할 수도 있다.
- 실제 상황 사례를 통한 사례교육에서는 사후적 결과를 인지하고 수행하므로 사후편견(hindsight bias)[3]에 노출될 위험이 있다.
- 유인물에 기재된 사례내용에는 동영상이나 인터넷 검색 등의 정보기술 발전의 효과들을 활용하지 못함으로써 한계점이 있을 수 있다.
- 사례교육은 강사와 수강생들에게 모두 많은 사전준비와 노력을 요구한다. 과중한 부담이 주어질 경우 사례 학습효과가 반감될 수 있다.

---

3) 사후편견(hindsight bias)은 '시간이 경과함에 따라 과거 사건, 해당 사건의 실제 발생가능성, 실제 해당 사건이 발생했을 때 인식되었던 심각성 정도에 대한 사람들의 생각을 흐리게 하는 것'이라고 정의한다(Jackson 2011).

4.2 회계 FBT에 적용할 수 있는 사례교육방법의 대표적 수행절차

Lima and Fabiani(2014)는 본인들의 사례교육 경험을 기초로 하여 가장 효과적인 사례교육 수행절차를 제시하면서, 이를 '분할된 통합 접근법(Fragmented synthesis approach)'이라고 표현하였다. 이들이 제시한 사례교육의 수행절차는 다음과 같다.

- 제1단계-개념체계의 적용
- 제2단계-사례의 이해와 분석
- 제3단계-공통기반구축을 위한 토론과 소그룹 과제 배정
- 제4단계-소그룹 발표를 위한 사전준비
- 제5단계-소그룹 발표와 토론

각 단계별로 수행할 내용은 다음과 같다.

4.2.1 제1단계 - 개념체계의 적용(Stage 1 - Conceptual framework application)

해당 사례를 소개하기 전에, 교육과정에서 이용할 분석틀, 해당 상황 파악에 활용할 모형분류들을 수강자 모두가 이해할 수 있도록 하여야 한다. 여기에 포함되는 내용은 '개념체계의 적용(Conceptual framework application)'을 위해서 개념체계가 무엇인지 이해하는 것이다. 개념체계의 이해는 FBT 관점에서도 매우 중요한 단계이다.

사례교육에서는 어떠한 개념체계를 적용할 것인가의 문제가 성공적이고 체계적인 사례교육을 위해서 필수적인 요소이다. 다행히도 회계에서는 '재무보고를 위한 개념체계'가 권위 있는 개념체계로 제시되어 있다. 따라서 회계에서는 이러한 권위 있는 개념체계를 활용함으로써 더 체계적이고 일관성 있는 사례교육이 가능하다.

4.2.2 제2단계 – 사례의 이해와 분석(Stage 2 – Case discovery analysis/diagnosis)

사례교육에 참여하는 수강생들에게 연구대상 사례를 배포한다. 종종 계획된 토론일정 이전에 자료배포가 이루어질 수도 있다(보통은 토론교육 일정 1주 전에 실시한다). 수강생들은 사례를 읽고, 자기 나름의 요약을 작성하며, 해당 사례의 발생상황과 발생원인에 대한 자기 나름의 이해와 분석내용도 메모한다. 가능하다면 요구사항에 대한 예비적 답안을 개인적으로 구상해 볼 수도 있다.

회계분야의 FBT에서는, 이 단계가 사례의 이해 분석을 위한 단계이므로 개념체계 및 재무제표 정의 수준의 개념적 기준만을 사전제시한다. 원칙적으로 이해·분석을 위한 과정이므로 구체적 회계기준을 제시하는 것은 적절하지 않다. 다만 논의의 초점을 좁히기 위해서는 해당 사례의 준거기준이 되는 회계기준서 내용을 사전제시 자료 범위에 포함하여 참고자료로 활용할 수 있게 할 수도 있다. 어느 방법을 적용하든지 이 단계의 초점은 해당 사례에 대한 회계개념 적용을 위해서 사례내용을 체계적으로 이해하는 부분에 초점을 맞춘다.

4.2.3 제3단계 – 공통기반구축을 위한 토론과 소그룹 과제 배정 (Stage 3 – Discussion of common ground and group assignment)

모든 수강생들이 해당 사례에 익숙해지고 난 다음, 교육시간에 강사는 30분 내지 1시간 정도의 시간을 할애해서 수강생들이 이해한 내용들이 무엇인지 질문함으로써, 추가적 분석을 위한 '공통적 기반(common ground)'을 설정할 수 있다.

예를 들어, 강사가 수강생들에게 사례내용에 대해서 토론하도록 요구한다. 이에 따라 사전제시한 개념체계 및 재무제표 정의 수준의 개념적 기준을 적용하여 공동으로 분석을 실시하고 수강생들이 제시하는 의견들을 칠판에 기록한다. 강사는 이러한 의견들을 종합해서 중요한 의사결정사항에 대한 중지(衆智)를 모아 일종의 통합된 의견을 정한다. 이후의 분석은 이러한 통합된 의견에 기초하여 진행되도록 한다. 만약 제2단계에서 논의의 초점을 좁히기 위해서 해당 사례의 준거기준이 되는 구체적 회계기준서 내용을 사전제시한 경우에는 이에 맞추어 공통된 의견을 수렴한다.

수강생들의 통합된 의견이 모아진 후에는, 수업을 종료하기 전에 강사는 수강생들을 배정하여 사례분석 소그룹을 구성한다. 소그룹별로 3~4명 정도의 수강생을 배정하고, 각 수강생별로 구체적 소과제들을 정한다. 이러한 소과제들은 사례에 대한 질문사항을 다루는 것일 수도 있고, 사례를 분석하기 위한 분석모형에 초점을 맞출 수도 있다.

4.2.4 제4단계 - 소그룹 발표를 위한 사전준비 (Stage 4 - Extra-class preparation of group presentation)

수강생들은 다음 수업을 진행하기 전에, 소그룹별로 모여서 배정받은 과제에 대한 PowerPoint 발표를 준비하여야 한다. 이 내용은 제5단계에서 수행할 소그룹 발표와 토론을 준비하는 것이다. 예를 들어, 각 소그룹의 담당과제 범위를 각각 재무제표 항목의 정의에 따른 항목별로 분류를 적용할 수 있다. 즉, 담당범위를 (1) '자산' 항목, (2) '부채' 항목 등으로 구분할 수도 있다. 이 단계는 원칙적으로 대면(face-to-face)방식으로 진행하는 것이 바람직하지만, 물리적 거리나 서로 시간을 맞추기가 어려울 경우에는 on-line 도구(dropbox 공유, chatting program 등)를 활용할 수도 있다.

4.2.5 제5단계 - 소그룹 발표와 토론(Stage 5 - Presentation and discussion)

마지막 단계는 소그룹별 과제에 대한 발표와 토론 과정이다. 각 소그룹들은 부여받은 과제에 따른 나름의 논의된 결론(문제가 주어진 경우 이에 대한 나름대로의 해답 포함)을 제시한다. 각 소그룹에 부여된 과제에 대해서, 개념체계에 근거하여 판단한 사항을 구체적 회계기준 내용까지 연결하도록 요구하는 것이 필요하다. 예를 들어, 자산, 부채 등의 각 항목별로 (1) 재무제표 항목의 정의, (2) 인식, (3) 측정, (4) 제거 등의 내용을 구체적 회계처리기준 내용까지 연결하도록 할 수 있다.

다수 그룹에 동일 주제에 대한 과제를 부여할 경우에는, 논의결과를 비교함으로써 통합된 결론을 유도할 수도 있다. 일반적으로 각 소그룹 발표는 10분 정도에 마치도록 한다. 강사는 수강생들에게 소그룹 발표 내용에 대한 질문과 제안한 결론에 대한 자기나름의 의견을 제시하도록 독려한다. 각 발표 소그룹들은 이때 제시된 질문이나 비판(comment) 등의 다른 의견들에 대한 소그룹 나름의 해결방안을 검토하고, 이러한 의견들을 모두 종합한 결론까지 포함하는 내용의 최종보고서를 작성하여 제출하도록 하는 것으로 전체 교육을 종료한다.

4.3 사례교육에 적용하는 구체적 방법들

본절에서는 사례교육에 적용하는 구체적 방법들(tools)에 대해서 설명한다. 본절의 설명내용은 필수적 사항이라기보다는 강사가 수강생들의 수준과 교육과정 규모, 진행상황 등을 감안하여 취사선택하여 적용할 수 있는 방법들을 소개하는 것이다. 또한 4.2절에서 설명된 교육단계의 내용도 강사가 적절히 수정하여 적용할 수 있는데, 이 경우에도 본절에서 소개된 방법들을 적용할 수 있을 것이다.

4.3.1 과제배분방법-보충적 주제와 경쟁적 주제

사례교육에서 소그룹별로 과제를 부여할 때, 과제부여방법은 보충적 주제와 경쟁적 주제를 배정하는 방법이 모두 가능하다.

(1) 보충적 방법(Complementary approach)

보충적 방법은 소그룹별로 각각 별도 주제의 과제를 부여받고, 각 소그룹별로 나름대로의 결론을 도출하여 발표하는 것이다. 각 소그룹은 전체 주제를 세분한 협의의 소주제들에 대해서 각각 과제를 부여받는다. 실제 토론수업이 제한된 시간 내에서 제한된 토론이 진행된다는 점을 고려한다면, 자기 그룹에 부여된 과제를 기초로 해서, 타 소그룹이 발표한 내용을 들으면서 자기 소그룹 과제 조사내용과 일관성이나 타당성을 확인할 수 있다. 또한 타 그룹 발표내용을 들으면서, 자기 그룹 발표 내용과 방법을 비판적으로 반성하고 더 나은 방법을 찾는 노력을 기울일 수도 있다. 이러한 개선 노력은 발표수업이 몇 주에 걸쳐서 이루어질 경우, 토론 결과에 기초하여 이전 수업의 결론을 재확인하고 수정하는 노력까지 포함될 수도 있다.

(2) 경쟁적 방법(Competitive approach)

경쟁적 방법은 소그룹별로 동일한 주제의 과제를 부여받고, 각 소그룹별로 각자 나름대로의 결론을 도출하여 발표하는 것이다. 이 방법은 각 소그룹별로 동일한 주제에 대해서 고민하고 결과를 발표하도록 함으로써, 자기 그룹과 타 그룹의 결론에 대한 장·단점을 스스로 비교해 볼 수 있고, 또한 발표수업에서 토론을 더 많이 유도할 수 있는 장점이 있다. 또한 때로는 최적 결론을 일방적 한 가지 판단이 아니라 여러 가지 의견을 종합하여 도출하는 경우가 많다는 점을 고려하면, 대안이 되는 관점들을 타협하고 협의하여 통합된 결론을 유도할 수 있다는 장점도 있다. 다만 발표수업 중에 중복된 내용이 반복하여 발표가 되지 않도록 이끄는 것이 중요하다.

4.3.2 토론에서 의견을 종합하는 방법

사례교육에서 의견을 종합하는 방법으로 다음의 방법이 있다(Buciuniene 2012). 이 중 한 가지만 적용해야 하는 것이 아니라 사례수업을 진행하면서 적절히 혼합하여 사용할 수 있다.

(1) 투표(Voting)

몇 가지 해법을 토론한 후에 수강생들에게 어느 방법이 타당한지 손을 들어 표시하라고 요청하는 방법이다. 투표 결과 2등 방안을 제시한 사람에게 자기 의견을 설명하는 기회를 부여하고 1, 2위에 대해서 재투표를 실시할 수도 있다(일종의 결선투표방법). 강사는 결선투표과정에서 1차 투표와 의견을 바꾼 사람을 유심히 관찰하여, 왜 생각을 바꾸게 되었는지 질문할 수 있다. 다음으로 3단계에서는 다양한 의견을 통합하는 종합된 결론을 도출할 수 있다.

(2) 역할극(Role-playing)

더 편안하게 대중적 발표를 할 수 있는 사람(자원자)들에게 해당 사례에서의 주인공 역할을 맡김으로써 토론을 활성화하는 방법이다. 역할을 맡은 사람들이 상이한 관점을 주장하는 역할을 수행하도록 함으로써, 역할극이 종료된 후에 청중들이 소감을 발표할 때 자연스럽게 다양한 의견을 수집하여 종합할 수 있도록 하여야 한다.

(3) 주인공(Protagoists)과 토론

사례에 등장하는 회사임직원이나 사례 주인공(case protagonist)을 초청하여 설명과 발표를 듣고 직접 토론을 하도록 해서, 자기 의견을 발표하고 종합결론을 유도하는 방법이다. 이 방법은 토론수업에 사용한 사례의 구체적 실제 배경에 대한 이해가 부족할 때, 담당자에게 직접 질의·응답을 해서 정확한 이해가 가능하도록 함으로써 더 합리적 결론을 도출한다는 장점이 있다. 이 방법은 대면방식 특강 형식이 될 수도 있지만 화상회의(video conferencing)방식을 사용힐 수도 있다.

4.4 강사의 역할

사례교육에서는 특별히 전체 교육진행을 조율해야 하는 입장에서의 강사의 역할이 매우 중요하다. 다음은 이러한 강사의 다양한 역할들을 설명한 것이다.

(1) 촉진자(Facilitator)

촉진자로서의 강사는 토의를 촉진시키는 역할을 한다. 이 역할에 충실하기 위해서는 토론 후 발표할 내용의 소제목이나 구성내용을 먼저 제시(분석시각, 틀의 사전제시)하여 토론이 목표한 방향으로 진행될 수 있도록 한다. 촉진자로서의 강사는 결론이나 해결방안을 가르치는 역할이 아님에 유의해야 한다.

(2) 코치(Coach)

코치로서의 강사역할은 필요한 행동을 격려하고, 칭찬하며, 잘못을 지적하는 것이다. 다만 지적은 직접적이지 않고 원만하게 한다. 이를 통해서 바람직한 수강생의 활동을 격려하고 잘못된 활동을 보완·수정할 수 있도록 유도한다.

(3) 조율자(Quarterback)

조율자로서의 강사는 전체 논의가 올바르게 나아갈 수 있도록 하는 진행(coordinator) 역할을 하는 것이다. 예를 들어 수강생들의 발표 후(복잡한 내용이거나, 발표자의 요점이 불명확한 경우엔) 강사가 보완질문을 하거나 재구성해서 요약설명을 하고 그 다음 토론을 진행하는 방법을 들 수 있다.

(4) 심판(Referee/Judge)

상충된 의견이 충돌되어 진행이 되지 않을 때에는, 강사는 심판으로서 올바른 방향이나 의견을 제시하여 다음 논의가 진행될 수 있도록 한다. 이 경우에도 강사 본인의 의견을 직접적으로 제시하지 않고, 투표(voting) 방법 등을 활용하여 수강생들이 스스로 옳은 방향을 찾아가게 할 수도 있다.

(5) 연출가(Choreographer)

사례교육에서 토론과정은 학생들의 수준이나 준비된 정도뿐만 아니라 강사의 역할에 따라서도 활동적이거나 무관심한 정도가 달라지게 된다. 따라서 강사는 적극적으로 참여를 하지 않는 참석자에게는 별도로 발언을 할 수 있도록 기회를 주고, 지나치게 혼자서 토론을 주도하는 참석자의 발언기회는 줄이도록 하는 역할도 수행해야 한다.

(6) 문제제기자(Prosecutor)

강사는 수강생들이 지나치게 단순하게 결론을 내릴 경우, 반대 입장에서의 논제를 제기함으로써 논의를 유도하는 'the devil's advocate' 역할을 수행하기도 한다.

(7) 전도자(Evangelist)

때로는 강사들의 열정이 수강생들의 적극적 참여를 유도하기도 한다. 강사는 열정으로 참석자에게 적극적 참여를 유도할 수 있도록 분위기를 만들어 가는 역할을 수행하여야 한다. 수업 초반에 분위기가 가라앉아 있을 때에 열성적인 설명이나 진행 중 유머를 섞어 얘기하는 것도 좋은 방법이 된다.

(8) 시간관리자(Time manager)

효과적 사례교육을 위해서 시간관리는 특별히 중요하다. 이슈에 대해서 지나치게 짧은 시간이 할애될 경우 토론과정에서 얻어야 할 핵심적 개념을 놓칠 수도 있다. 반면에 지나치게 긴 시간이 될 경우에는 목표한 최종교육목표 개념의 파악단계까지 과정이 지루하게 받아들여질 것이다.

(9) 좌석배정 디자이너(Layout designer)

교육장의 좌석배정 형태가 토론교육의 성과에 큰 영향을 끼친다. 일반적으로, 반원형 좌석배정이 토론교육에 바람직하며, 때로는 대규모 강의실에서는 원탁형 좌석이 토론수업에 더 적절할 수도 있다. 수강생들이 서로 잘 보면서 논의가 가능하도록 좌석배정을 디자인하는 것도 강사의 중요한 역할이다.

4.5 사례교육을 통해서 얻어야 할 수강생들의 사고방법

Lima(2003)는 사례교육방법에서 수강생들이 획득해야 할 사고방법을 '통합된 사고모형(Integrated Thinking Model(ITM))'으로 제시하였다. 이 모형은 경영 사례교육의 8가지 인지능력 영역(Naumes and Namues 2012)[4] 내용을 재구성하여, (1) 실행가능 사고(Actionable thinking), (2) 비판적 사고(Critical thinking), (3) 창의적 사고(Creative thinking)의 세 가지 항목으로 표현한 것이다. 이 모형을 도형화한 것이 [그림 4-1]이다.

위 모형의 세 가지 영역을 상세히 살펴보면 다음과 같다.

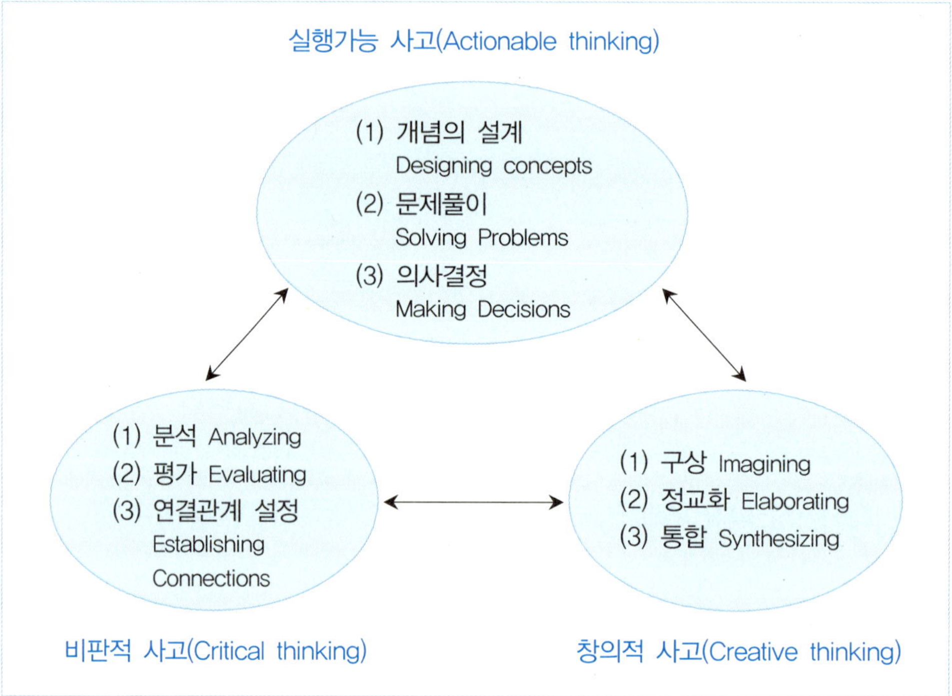

[그림 4-1] 사례교육 학습을 위한 '통합된 사고' 모형(Intergrated thinking model for learning with case studies)[5]

---

4) Naumes and Namues(2012)가 제시한 '사례방법을 통해 얻게 되는 8가지 인지능력 영역(8 domanins of cognitive competences stimulated by the case method)'은 (1) Focusing skills, (2) Information gathering skills, (3) Remembering skills, (4) Organizing skills, (5) Analyzing skills, (6) Generating skills, (7) Integrating skills, (8) Evaluating skills로 구성된다(Lima and Fabiani 2014, p. 89).

5) Lima(2003)의 모형을 수정한 Lima and Fabiani(2014) p. 89 자료를 재인용함.

4.5.1 실행가능 사고(Actionable thinking)

실행가능한 사고는 크게 다음의 세 가지 단계로 구성된다. 다만 사례 상황에 따라 초점을 맞추는 단계가 다소 차이가 있을 수 있다. 예를 들어, 개념을 설계하거나 수정·변형하는 경영분야의 일반적 사례교육과는 달리, 회계사례 교육에서는 '개념의 설계' 단계에서 적용할 개념을 정확하게 정의하고 이를 찾는 노력에 더 초점을 맞출 수 있을 것이다. 다음은 이러한 단계에 대한 설명이다.

(1) 개념의 설계(Designing concepts)

사례교육은 주어진 상황에 적용할 개념을 정의하는 것이 필요하다. 'fragmented synthesis' 방법을 적용하면, 이러한 개념 정의 과정은 다음 단계를 통해서 이루어질 수 있다.

- 목표 설정과 평가(Establishing/evaluating a goal) : 주어진 상황에 적용할 개념체계를 설정함에 있어서 먼저 궁극적으로 어떤 목표를 위해서 실행조치를 취할 것인지를 고려하고, 그리고 이에 맞추어 목표를 구체적으로 정하는 것이다.
- 해답 생각하기(Conceiving solution) : 주어진 사례교육에 적용할 기준으로 어떠한 개념체계를 사용할 것인가를 정하는 것이다. 일반적인 경영사례 교육에서는 이 단계에서 기존에 개발된 개념체계를 일부 수정하여 정하는 과정을 포함할 수 있다. 그러나 회계사례 교육에서는 이미 권위 있는 개념체계가 존재하므로 수정보다는 여러 가지 개념체계들 중에서 구체적으로 어떤 부분을 적용할 수 있을지를 검토하는 과정이 된다. 예를 들어 특정 항목의 '인식'과 '측정'에 각각 적용하여야 할 회계적 판단기준에는 어느 것이 있고, 이러한 기준들이 개념체계를 고려할 때 어떤 측면을 고려하여야 하는지 등을 평가하는 과정이 된다.

- 해답의 평가(Assessing solution) : 해답의 평가는 앞 단계에서 정한 개념체계나 기준들이 주어진 사례에 적용하기에 타당한 것인지 평가하는 과정이다. 이 단계에서는 소그룹별로 발표하면서 타 그룹 수강생들로부터 수정필요성이나 개선방향 등에 대한 피드백을 받을 수 있다.
- 해답의 재평가(Revisiting solution) : 해답의 재평가 단계는 소그룹별로 작성한 개념설계 결과보고서 내용에 타 그룹의 의견이나 피드백 내용을 반영하여 최종보고서를 확정하는 과정이다. 이 단계가 종료된 후, 1주일 정도 후까지 각 소그룹별로 확정한 최종보고서를 교수에게 제출하도록 요구한다.

(2) 문제풀이(Solving Problems)

문제풀이 단계는 주어진 상황에서의 문제점을 식별해서, 이에 대한 문헌자료나 준거기준을 확인하고, 최선의 해답을 결정하기 전에 여러 가지 대안들을 찾는 단계이다. 이 단계에서 필요한 전문적 능력들은 다음의 것들이 있다.

- 문제의 연구 그리고 문제의 식별 및 구체화(Researching the problem/ Identifying or formulating the problem) : 상황을 분석해서 가설(추정)을 정한다. 이때 수강생들의 판단방향은 잘잘못을 정하는 것이라기보다는, 실행가능한 해법의 대안들이 어떠한 것들이 있는지를 정하기 위해서 필요한 이슈를 파악하는 것에 초점을 맞춘다.
- 대안의 탐색(Finding alternatives) : 대안의 탐색과정은 최선의 해답을 정하기 전에, 다양한 전제조건이나 준거기준들을 고려해 볼 때 선택가능한 대안들이 무엇이 있는지 파악하고, 각 대안들의 타당성을 검토하는 단계이다.
- 해답의 선택(Choosing a solution) : 해답의 선택은 대안의 탐색단계에서 정한 타당성 분석 내용을 기초로 최선의 답안을 정하는 것이다. 이 단계

에서는 타당성을 비교분석하는 것뿐만 아니라 설득력 있는 근거를 제시하고 실제 적용사례까지 파악하는 것이 중요하다.

- 수용(Building acceptance) : 해당 사례에서 수강생은 해당 과제를 처리하도록 지시를 받은 실무담당자의 역할을 맡는다. 따라서 어떤 해답이 정해지면 상위 직급자나 경영자에게 자기 판단내용을 보고하고, 이에 대한 타당성을 승인받는 과정을 거치게 된다. 본 단계는 이러한 타당성 승인을 받기 위한 기초자료를 정리하여 요약·제시하는 것이다.

(3) 의사결정(Making Decisions)

문제풀이 단계는 주어진 상황에서의 문제점을 식별해서, 이에 대한 문헌자료나 준거기준을 확인하고, 최선의 해답을 결정하기 전에 여러 가지 대안들을 찾는 단계이다. 이 단계에서 필요한 전문적 능력들은 다음의 것들이 있다.

- 이슈의 식별(Identifying issues) : 이슈의 파악단계는 주어진 상황에 대한 여러 가지 경제적·회계적 고려요소들을 파악하는 것이다.
- 대안의 생성(Generating alternatives) : 주어진 상황에 대한 고려요소들을 종합하여 볼 때 적용가능한 구체적 대안을 정한다.
- 대안의 결과를 평가(Assessing the consequences) : 각 대안의 장점과 단점(또는 타당성과 문제점)을 파악한다.
- 대안의 선택 및 합리화(Making and justifying choices) : 각 대안의 장단점에 대한 평가내용을 기초로 하여 최선의 안을 정한다. 이때 결정된 대안이 왜 타당하며 다른 대안보다 우월한 결론이 되는지를 설득력 있게 제시하여야 한다.

4.5.2 비판적 사고(Critical thinking)

비판적 사고는 분석, 평가, 연결관계의 설정과정을 나타낸다. 다음은 이러한 단계에 대한 설명이다.

(1) 분석(Analyzing)

분석능력은 일정한 반복적 행태(pattern)를 인식하고, 정보를 분석하여 주된 생각을 정리하며, 순서를 발견하는 것들을 포함한다. 다양한 분석틀을 사용함으로써 분석결과를 체계적으로 파악할 수 있다. 회계사례의 경우에는 주어진 사례에 적용할 수 있는 공통된 거래내용과 행태를 정리하는 능력이 여기에 해당될 수 있다.

(2) 평가(Evaluating)

평가능력은 수집된 정보를 분석하고, 분석기준을 정하며, 여러 정보 중 적용우선순위를 판단하고, 잘못 적용된 오류를 구분하며, 특정 기준에 부합되는 정도를 검증하는 능력이다. 장 · 단점 분석이나 여러 변수의 영향들을 조사하는 것이 이 범위에 들어간다.

(3) 연결관계 설정(Establishing connections)

비판적 사고의 마지막 단계는 여러 정보들을 비교하여 재구성하는 능력을 요구한다. 구체적으로, 정보의 비교나 대비, 논리적 · 연역적 · 귀납적 사고, 인과관계의 파악 능력을 포함한다. 회계사례의 경우에는 금융자산 회계처리 등 유사한 상황에서의 상이한 회계적 판단을 하는 논리를 비교하거나, 원가법과 재평가법을 적용할 때 손상회계처리 차이를 비교하는 등 선 · 후관계의 회계처리를 구분하여 분석하는 방식의 경우를 들 수 있다.

4.5.3 창의적 사고(Creative thinking)

창의적 사고는 구상, 정교화, 통합의 과정을 포함한다. 다음은 이러한 단계에 대한 설명이다.

(1) 구상(Imagining)

구상능력은 직관적 판단을 연습하고 결과를 예측하는 능력을 말한다. 이 능력은 소그룹 또는 개인별로 구체화한 사고내용을 정리하여 발표하도록 함으로써 확인가능하며, 또한 경쟁적 · 보충적 방법으로 다양하게 구상된 의견들을 발표하도록 한 후에 이러한 구상된 사고내용들을 통합하는 과정을 통해서 스스로 행한 구상내용을 더 발전적으로 개발할 수도 있다.

(2) 정교화(Elaborating)

사례교육중에 도출된 구상내용들은 더 정교화되고 구체화된 형태의 해법으로 만들어져야 한다. 이러한 능력은 소그룹 또는 개인별로 발표된 의견을 경쟁적으로 또는 보충적으로 토의하는 과정을 통해서 이루어질 수도 있다. 이러한 토론과정에서는 '왜 다른 상황도 발생할 수 있는가?' 아니면 '어떤 위험요소를 추가 고려해야 하는가?'와 같은 문제제기를 통해서 더 정교화될 수 있다.

(3) 통합(Synthesizing)

수강생들은 사례교육과정을 통해서 조사한 자기의 조사 · 연구 결과를 보고하고, 이에 대한 토론과정에서 파악한 개선 · 수정사항을 요약하여 제출하여야 한다. 이 과정에서 자기의 생각과 타 참가자들의 생각을 통합하여 가장 최선의 해결방안을 도출하여야 한다. 이러한 통합과정은 일정 과정의 토론을 거쳐서 도출되는 것이 보통이며, 최종적으로 자기생각과 타 수강생들의 의견을 모두 통합하여 도출된 최종보고서를 제출하는 것으로 마무리한다.

4.6 사례교육의 수업흐름

사례교육의 수행시 수업진행은 각 단계별로 적절한 연결관계를 가지고 진행하여야 한다. 이때 진행과정의 흐름은 각 단계별로 적절한 진행방법(토론, 강의, 발표 등)을 함께 고려하여 진행한다. 이러한 유기적 연결관계에 따라 고려할 수 있는 수업의 흐름 구성항목들은 다음과 같다.[6]

4.6.1 교육준비

이 과정에서 가장 핵심적 내용은 교육준비 사항이다. 다음은 사례교육 준비 사항을 요약 정리한 것이다.

(1) 주도적 역할 설정

- 강의(course) 내용에 대한 명확한 이해(강사, 참석자 포함)
- 자신감과 확신을 갖춘 진행 계획
- 수강생들의 기대내용의 설정

(2) 수강생과의 약속(contract)

- 명확한 수업방향 제시

6) 이 내용은 Andersen and Schiano(2014)의 내용을 요약한 것이다.

- 전반적 수업내용과 과정을 설명하는 수업계획서(syllabus) 제시
- 수강생들의 기대내용 재설정
- 수강생들의 책임(사전준비, 토의진행, 피드백 등) 설정
- 위 사항에 대한 수강생들의 약속

(3) 수업내용의 개발

- 수업과정의 모듈(module) or 단위 설정
  - 예, [제1단계] 기조적 개념 파악; [제2단계] 계획과 분석; [제3단계] 연구계획의 실행; [제4단계] 특별 사례의 조사; [제5단계] 수집된 관점의 통합과 결론
  - 각 단계별 수업시간 배정 및 각 수업시간에서 다룰 사례 설정
  - 각 사례별로 기본 사례자료와 보조자료 설정

- 수업계획서 구성
  - (기초지식→고급지식; 일반지식→특정분야 지식의 형식으로) 강의 진행에 대한 논리적 진행단계 제시
  - 초기 단계에 사례연구방법을 연습할 수 있도록 하고, 진행되면서 더 고급지식을 요구하는 사항을 다루는 단계로 구성. 예를 들어, 초기 단계에는 추론하는 연습을 할 수 있게 기초적 주제를 다룸
  - 수강생들이 사전에 갖추어야 할 전문지식을 구체적으로 제시
  - 각 단계별 수업시간 배정 및 각 수업시간에서 다룰 사례 설정

(4) 사례의 선정

- 교육효과를 극대화할 수 있는 사례의 선정 및 활용 필요
- 사례선정시 고려사항
  - 시의성-일반화 가능성이 높고 시의성도 갖춘 사례가 더 좋음

- 강의지침(teaching notes)의 활용가능성
- 산업-수강생들이 친숙한 업종 회사 사례가 더 바람직함
- 기업의 규모-지나치게 규모가 큰 기업의 사례는 비현실적으로 느껴질 수 있음
- 기업의 성장단계-초기설립 단계, 고성장 단계, 안정적 단계 등을 고려해야 함(사례별로 목적에 맞는 단계가 있을 것임)
- 사례의 복잡성-수강생들이 고려할 수 있는 수준의 복잡성을 갖추어야 함
- 사례의 길이-사전 이해요구 수준, 수강생들의 사전지식 수준 등을 고려한 사례길이
- 과정의 복수 구성 고려-
  (1) 다른 교육과정 사례와의 중복 여부,
  (2) 동일 사례에서의 복수 부분 구성 경우
  (3) 동일 회사에 대한 복수 사례 구성 등
- 소재국, 지역 등의 고려
- 실제 기업 사례, 익명 기업 사례, 기발표된 정보에 근거한 사례 등

• 사전학습자료(reading materials)와 학습교재의 선정
  - 실제 사례 진행에 도움이 될 수 있는 읽기 자료(reading materials), 교과서(textbook)의 선정
  - 토론에 도움이 될 수 있는 자료를 제공하는 것(토론시 논의되어야 할 주제를 도출할 수 있게 하는 자료를 제공하여야 함)
  - 이 자료들은 보조교재로 활용하는 것이고, 이 자료 자체가 교육대상이 아님(읽기 자료(reading material)나 교과서(textbook) 내용에 대한 교육을 실시하는 것이 아님에 주의)

• 초청강사의 활용
  - 교육목적에 부합되는 역할을 알려주어야 함
  - 사전에 초청강사가 다루어야 할 내용을 사전협의

  - 목적에 부합되는 적절한 사람을 선정 필요

- 과제(숙제) 활용
  - 간단한 사전과제를 부여하고, 미리 제출하도록 요구
  - 토론주제에 대한 사전학습 필요 내용에 대한 과제
  - 토론수업 중 논의할 요점을 스스로 사전 선정하도록 요구할 수도 있음

(5) 수강생들의 학습노력 독려방안

- 수강생들의 적극적 자세 독려
- 수강생들의 배경(직업, 직위, 역할, 담당업무, 나이 등)을 파악하여 교육에 고려
- 사례의 사전학습과 분석 작업에 도움을 주는 방안 모색
- 수업 참여시 의무사항 설정(토론 참여, 조장 발표 등)

(6) 교육장 시설 점검

- 좌석 배치
- 이름표, 좌석배치표
- 수업시간(길이), 빈도 등

4.6.2 사례교육 수업시간의 흐름 설정

사례교육 수업시간의 흐름은 주로 토론수업을 전제로 해서 결정한다. 토론수업에 의한 사례수업 흐름은 수업시작 → 토론의 진행관리 → 토론 결론 도출 → 의견청취의 순서를 갖는다.

사전준비에는 수업진행 계획의 수립, 사용방법과 개수설정, 시간관리 계획, 토론방법(선질문방식, 토론유도방법 등)에 대한 내용을 포함한다.

수업시작은 첫 수업시간과 이후 연속되는 수업에 연결되는 논점 유지방법, 흥미 유발과 발표의 내용을 유기적으로 연결할 수 있는 방안을 관리하는 것이다.

토론의 진행관리는 토론이 원활하게 이루어질 수 있도록 적절한 토론방법을 적용하는 것을 지칭한다. 토론방법(선질문방식, 토론유도방법 등), 시간관리, 칠판 및 비디오 등 보조기구의 활용 등 계획내용에 따라 원활한 토론이 진행될 수 있도록 하는 것이다. 특히 그룹토론시 역할극이나 팀토론과 발표 등의 과정에서도 원활한 토론의 진행과 결과도출이 될 수 있게 관리하는 것을 포함한다. 이러한 과정은 표준적 방법이 있는 것은 아니며, 사례교육에서는 강사가 판단한 방법을 적절히 활용하여 결론을 유도할 수 있도록 관리하는 것을 의미한다.

사례교육의 흐름 중 마지막 단계는 토론의 결론도출과 의견청취 절차이다. 이 단계에서 강사는 토론내용을 적절하게 요약정리하고 결론적 판단을 설명하는 과정을 수반한다. 그러나 결론도출 단계에서도 특정 상황에 대한 확정적인 정답 형태의 결론을 도출하는 것으로 끝내기보다는, 토론내용을 종합하여 도출한 질문형태의 요약(예를 들어, '이러한 결론을 기초로 할 때, 그 다음에는 어떤 생각을 해야 할까?' '유사하지만 다른 상황에 부딪히게 되면, 어떤 방법으로 생각하고 분석하는 방법을 배웠는가')으로 마무리하는 것이 더 바람직하다.

4.6.3 피드백 방법 결정

수업의 진행에 따라 적절한 책임을 부여하고, 평가기준과 진행지침을 미리 공지하여 이를 일관성 있게 적용하는 것은 사례수업의 효과적 운영을 위해서도 꼭 필요한 사항이다. 여기에는 (1) 사전과제, 수업진행 중 과제, 수업 종료 후 과제의 구분, (2) 개인 또는 팀 단위의 과제 부여, (3) 구두발표 또는 서면보고서나 파워포인트 프레젠테이션(powerpoint presentation) 등과 같이 과제의 부과방법을 구체적으로 선택할 수 있다. 평가를 위해서는 다양한 시험방식(교실 내 시험과 자택시험(Take-home exam) 방법, closed book과 open-book 방식, 중간 또는 기말보고서 제출, 발표 등의 방법)을 적용할 수 있으며, 특히 사례교육에서는 강사에 의한 평가뿐만 아니라, 사례수업에 참여한 다른 참여자(학생)들의 평가를 활용하는 것도 좋은 방법의 하나이다. 평가점수에는 수업 중 참여도를 반드시 포함하도록 함으로써 사례교육에서 토론수업에 더 적극적으로 참여하도록 독려할 수 있다.

4.6.4 수업의 진행관리

사례교육 중 수업은 토론수업의 형태로 이루어지다 보니, 일반적 강의수업보다는 수업진행과정에서 세심한 관리가 필요하다. 이에 대한 일률적 방향제시는 어려울 수 있다. 그러나 개인학생들의 문제(공격적 성향의 학생, 수업시간 중 스마트폰의 사용, 수업진행에 주의를 집중하지 않는 학생, 학생들의 불만사항, 신체적으로 불편하거나 병이 난 학생 등)에 대한 관리, 팀차원의 문제(토론이나 발표를 위해서 충실하게 준비하지 않은 경우, 더 잘 준비할 수 있게 독려하기 위한 방법, 토론시간 중 잡담을 막는 방법, 비난(혐오감을 드러냄)하거나 비굴하거나 지나치게 공격적인 태도와 같이 역기능적 행동, 토론 중 장난이나 농담으로 대하는 태도, 팀내 무임승차·개인간 갈등·무성의/부실한 실적 등의 문제), 수업진행시 준비하지 못한 상황에 대한 대응방법(활용할 수 있는 사례들이 모두 떨어졌을 경우, 토론진행시 토론방향을 놓친 경우, 해당 사례에서 던질 질문이 떨어진 경우, 학생들이 열정적으로 참여하려 하지 않을 경우 등)에 대한 준비도 필요할 수 있다.

4.6.5 의견청취(Debriefing)와 다음 수업 준비

다음 교육을 다시 실시할 때 개선을 위해서, 사례교육에 대한 의견청취 절차는 반드시 거쳐야 하는 중요한 과정이다. 이를 위해서 강사는 사전에 수립한 사례교육 계획의 항목들과 비교해서, 계획했던 내용이 수업진행 결과에서 모두 수행되었는지 확인한다. 또한 계획한 내용에 비추어 잘된 사항과 잘못된 사항을 구분하여 검토하는 것도 필요하다. 여기에 포함될 수 있는 과정 전체에 대한 검토항목들로는 다음과 같은 것들이 있을 수 있다.

- 잘된 점과 잘못된 점의 반성
- 진행과정에서 원활히 진행되고 만족스러웠던 점과 불편하거나 잘못된 점
- 교재나 보조도구 활용상 좋았던 점과 개선할 점
- 토론을 더 활성화하기 위한 의견
- 수업 중 새로 개발한 좋은 사례나 검토의견
- 다음 사례교육에서 강사로 초빙했으면 좋겠다고 판단되는 사람의 추천(기 수강 학생을 추천할 수도 있음) 등

수업 마무리 단계에서 수집한 수강생들의 의견은 적절한 분석과 해석을 거친 후 다음 수업계획 수립과 사례 및 교재작성, 수업진행 등에 활용할 수 있을 것이다. 동시에 여러 명의 강사들이 함께 사례교육에 참여했을 경우, 강사들의 토론을 통해서 유용한 의견청취 자료를 구축할 수도 있다.

4.7 다양한 방식의 형식을 회계 FBT 교육에 활용한 경우의 소개

본절에서는 다양한 방식의 형식을 회계 FBT 교육에 활용한 경우를 사례로서 제시한다. 과정소개, 과정운영 방식 등의 내용을 아래에 소개하였다.

4.7.1 과정소개(수업계획서)

[참고자료 4.7.1A]는 사례교육방식으로 운영되는 수업에 대한 수업계획서 사례를 제시한 것이다. 이 자료에는 구체적 교육내용은 포함하고 있지 않으나, 수업계획서에 포함될 항목들을 사례로서 제시하였다.

4.7.2 과정운영 개요

[참고자료 4.7.2A]는 사례교육방식으로 운영하는 수업에서 적용하는 사항들을 사례로서 제시한 것이다. 이 사례는 다음 내용을 포함한다.

1) 참고자료 4.7.2A (1) : 참가자들의 적극적 참여와 흥미를 북돋기 위해서 브라질월드컵 방식의 국가대표 경쟁 형식을 취하였다. 각 소그룹 또는 table별로 월드컵 참가 국가명을 지명하도록 하고, 개별 교육 참가자들은 여러 국가들의 축구국가대표선수가 된다. 이때 월드컵 참가 국가명에 팀명칭(별명)을 별도로 정할 수도 있고, 개별 참가자들은 해당 국가의 유명한 축구선수 이름을 차용하여 진행한다. 궁극적으로 종합평가를 통해서 개인 MVP와 월드컵 우승국가를 선정하는 방식을 취할 수 있다.
2) 참고자료 4.7.2A (2)와 (3) : 사례수업을 진행할 때 적용하는 방법(점수 포인트부여 요약표와 시설/설비 준비사항 요약표)의 예를 첨부한 것이다.

[참고자료 4.7.1A] 교육준비 내용

수업계획서

<table>
<tr><td>핵심학습내용</td><td>[학습주제의 핵심적 내용 설명]</td></tr>
<tr><td>목표</td><td>[수업 완료 후 수강생들에게 기대하는 학습지식과 향후 동 지식을 이용한 활용가능 분야에서의 응용내용]</td></tr>
<tr><td>수강생 정의</td><td>[목표 수강생의 요건을 정의함. 여기에는 현재 또는 기대하는 역할, 직급/학년, 담당업무나 학습영역 등을 구체적으로 정의함]</td></tr>
<tr><td rowspan="6">본 세션(session)이 전체 모듈(module)에서 차지하는 위치와 다른 모듈 세션과의 연결관계</td><td>사전 지식 요건
[전체 교육프로그램의 구성내용 중 차지하는 위치를 설명]
전체 모듈(module)에서의 위치
[전체 교육프로그램의 구성내용 중 차지하는 위치를 설명]
[전체 모듈(module) 구성을 그림으로 제시하고, 해당 세션(session)이 차지하는 위치를 표시]
[필요할 경우] 본 세션(session) 내에서 몇 단계의 세부 모듈(module)이 구성될 경우, 그 내용을 설명</td></tr>
<tr><td align="center">[세션(session) 제목]</td></tr>
<tr><td>단계 1 : ....</td></tr>
<tr><td>단계 2 : ....</td></tr>
<tr><td>단계 3 : ....
– ....
– ....
– ....</td></tr>
<tr><td>단계 4 : ....</td></tr>
<tr><td>K-IFRS 참조</td><td>[해당 기준서, 개념체계의 내용 설명 제시(필요시, 일부사항에 대해서는 사전학습 요구)]</td></tr>
<tr><td>요구되는 사전지식 · 기술</td><td>[해당 기준서, 개념체계 설명]</td></tr>
<tr><td>세부 교육목표

핵심적 교육항목</td><td>[교육 이수 후 수강생들이 얻게 될 것으로 기대하는 능력]
• ....
• ....
• ....</td></tr>
</table>

<table>
<tr><td rowspan="6">목차</td><td>단계 번호</td><td>제목</td><td>교육방법*</td><td>소요시간(분)</td></tr>
<tr><td>1</td><td></td><td>강사 주도 토론</td><td>20분</td></tr>
<tr><td>2</td><td></td><td>그룹토의(15분)
강사 설명(5명)
그룹 토론(40분)</td><td>60분</td></tr>
<tr><td>3</td><td></td><td>그룹토의(15분)
강사 설명(5명)
그룹 토론(40분)</td><td>60분</td></tr>
<tr><td>4</td><td></td><td>그룹토의(15분)
강사 설명(5명)
그룹 토론(40분)</td><td>60분</td></tr>
<tr><td colspan="4">* 목차에 기재된 세부 단계별로 다음 항목들을 별도 항목으로서 구체적으로 제시</td></tr>
<tr><td>주요 학습포인트
(Key learning points)</td><td colspan="4">• 강사가 해야 할 질문과 토론방향 제시 내용
• 토론 진행시 초점을 맞추어야 할 사항, 유의사항
• 단계별로 강사가 확인하고 다음으로 넘어가야 할 포인트 설명
• 각 단계별로 확인해야 할 결론
• 각 단계별 토론 주도자와 토론 형식(강사, 수강자, 자유토론, 테이블 토론) 등</td></tr>
</table>

[참고자료 4.7.2A]

사례교육 운영 사례 (1)

주제	2014 브라질 회계개념축구 월드컵 [2014 GAACS* World cup] * Generally Accepted Accounting Concept Soccer *[본 교육은 2014년 브라질에서 개최된 월드컵 축구에 회계사례 논의를 적용하도록 한 것임. 각 소그룹(table)별로 월드컵 참가국가명과 팀명(별명)을 정하고, 각 개인 참가자들은 해당 국가 축구선수 이름(실명 또는 가명)을 차용하여 정할 수 있음. 축구에 대한 사전지식이 부족하다고 하더라도 수업 진행과정에 적극적 참여에 장애가 되지는 않음]*
과정 설계	과정에서 달성하고자 하는 목표와 운영내용에 대해서는 수업계획서 [9.6.1에 대한 첨부자료] 참고
교육준비자료	교육과정에서 준비하여야 할 사항은 교육교재와 교육보조자료로 구성된다. 교육준비자료는 매 세션(session)별로 달리 적용되는 것이 원칙이다. 또한 사례진행시 적용하는 방법에 따라 교육교재와 교육보조자료 구성이 달라질 수 있다. 다음은 이에 대한 설명이다.
교육교재	• 강사 교재 – 강의내용 설명교재(tutorial) – 영상 및 오디오자료(video & audit clip) – 수강생 powerpoint presentation file – 포스터(예, 해당 개념체계 그림이나 요약 표 등. 특히 반복적으로 사용되는 중요 항목 위주로 준비) – 강사노트(speaker note) – 퀴즈문제와 해답 – 준거기준자료[개념체계, 회계기준서 등] 등 • 수강자 교재 – 수강생 교재–수강생 ppt slide 프린트물 – 준거기준자료[개념체계, 회계기준서 등]
교육보조자료	• 테이블카드(Table card)–각 월드컵 국가대표 팀 이름을 기재할 카드 • 월드컵 사진, 포스터, 깃발, 스티커 등(교육진행시 포인트를 얻을 경우 부여할 점수표로 사용가능) • 대답카드(A, B, C, D로 표시된 색깔 코팅카드) – 개인별로 1세트씩. 퀴즈 질문시 카드를 들어서 의견을 제시할 수 있는 도구)

흥미유발을 위한 기타 보조자료	• 칠판, white board • Flip chart(각 소그룹별로 1개씩, 강사용과 별도 메모용 1개씩) • 퀴즈문제 보조자료 • 상품(우승팀, 개인 MVP 등)
	• 골 카드(팀 퀴즈나 소경쟁에서 성공했을 경우 1골로 인정해 주는 카드) • Yellow card, Red card-경고 또는 퇴장 카드(실제 퇴장이 아니고 감점용) • 심판옷-강사가 심판복장 착용 • 방과 후 event에 혜택을 주는 카드 등
수업시간	각 수업진행 과정별로 준비자료를 별도로 준비함. 아래 사례 참고
1교시-외화거래	• 강사 교재 • 강사노트(speaker note) • 수강생 교재-수강생 ppt slide 프린트물 • 기능통화 포스터 • 기능통화변경 연습문제 • 준거기준서 요약 • 퀴즈 해답 설명자료
2교시-부채	• 강사 교재 • 강사노트(speaker note) • 수강생 교재-수강생 ppt slide 프린트물 • 기능통화 포스터 • 기능통화변경 연습문제 • 준거기준서 요약 • 퀴즈 해답 설명자료 • 사례연습 게임 자료 -골 카드, 깃발, 패스성공 카드 등
3교시-차입원가	생략
4교시-공시	생략
교육진행 방법	각 사례수업 진행시 항목별 요령과 유의사항 설명. 아래 사례 참고
퀴즈 진행	• 적절한 경쟁을 유발할 수 있게 진행 • 때로는 1차 해답을 나누어주고, 이를 통합해서 나름의 통합된 결론을 유도하도록 할 수도 있음

	• 해답은 각 수업교시가 끝나고 회수하는 것이 원칙임(지나치게 해답을 모으는 것에만 주의를 집중하도록 함. 사례교육은 과정에 집중하도록 하여야 함)
평가포인트 점수관리	• 평가 포인트점수를 단계별로 부여함 • 팀 또는 개인순위표(leader board)를 만들어서 포스트잇에 이름을 써서 옮겨 붙이는 방법을 쓸 수도 있음 • 각 항목별 퀴즈항목표를 만들어서 팀별로 각 단계별 포인트를 계속해서 기록하는 방법을 쓸 수도 있음 • 강사가 흥미를 유발할 수 있게 너무 일방적인 게임이 되지 않도록 가산점이나 패자부활점, 상장 등을 제시할 수도 있음(정도가 지나치면 잘하는 팀의 동기를 꺾을 수도 있음에 유의) – 골 카드, 축구깃발, 월드컵트로피 스티커 등을 활용가능 – 예를 들어 1점은 골 카드가 되고, 트로피 스티커는 5점 부여
소그룹 발표와 평가	• 팀별로 해답발표시에는 가능하면 색종이를 사용하도록 하여 개인발표자료와 구분하도록 유도 • 각 소그룹별 경쟁에서는 월드컵 경쟁방식(예선전, 8강전 등)을 활용할 수도 있음 • 각 table(소그룹)별 포인트는 해답을 적절히 유도한 경우에 모두 부여하는 방식을 통해서 팀별로 정할 수 있음. 또한 개인포인트 합계를 통해서 정할 수도 있음
최종퀴즈	• 각 교시 종료시마다 최종퀴즈 방식을 통해서 중요 요점내용에 대해서 마무리하는 방법을 권장함 • 이때 각 세션(session) 우승팀과 MVP를 정할 수 있음

[참고자료 4.7.2A]

사례교육 운영 사례 (2)
–점수 포인트* 부여 요약표

번 호	내 용	점 수	설 명	평가방법
1	보너스 점수	10	사전독서내용 퀴즈(2), 가장 재미있는 팀 이름(2), 가장 먼저 발표한 사람 (2) 등	
	연습문제 1	10	유인물 항목 중 2개 문제–각각 5점씩(의견수렴 후 best 팀 또는 개인에게 부여)	의견교환 후 평가**
	연습문제 2	20	유인물 항목 중 2개 문제–1번 문제에 10점, 2번 문제에 5점	의견교환 후 평가**
	수익인식 보너스포인트	5	해당되는 개념을 가장 근접하게 제일 첫 번째 말한 사람에게 5점	첫 번째 발표자
2	보너스포인트	4	해당되는 개념을 무엇으로 정할지 질문(각각 2점씩)	
	자산의 인식	5	유인물 2.2(1문제–5점)	의견교환 후 평가**
		20	유인물 2.4(4문제–각 5점씩)	의견교환 후 평가**
3	음악퀴즈	10	월드컵 응원가 부르기 시합. 우승팀이 10점을 얻음	상대평가
4			이하, 생략	

* 강사가 부여하는 임의적 포인트는 제외함 – 예를 들어, 양호한 행동, 잘못된 행동, 선도적 행동 등
** 상대평가에 의해서 우승팀을 정함. 예를 들어, 평가점수 평균이 가장 높은 소그룹이 우승

[참고자료 4.7.2A]

사례교육 운영 사례 (3)
-시설/설비 준비사항 요약표

번 호	항 목	시설/설비	수강생용 준비물	강사용 준비물
1	강의실	• 수강생용–5~7명 원탁 table 5개 • 강사용–1자 table 2개 • 조교용–1자 table 1개 (2명) • 배포자료 비치용– 1자 table 1개 • 전선연결 extension, presentation용 컴퓨터 등 • 다과 table은 가능한 한 강의실 밖에 비치		• 거치대가 있는 차트 (Wallchart)
2	설비	• projector와 screeen • flip chart(인쇄물) • flip chart pad(전체용 1개 및 각 원탁 table 당 1개씩)	• 수강생용 교재 • 노트북(지참, 필요시)	• 이름표(수강생 1인당 1개씩–책상 위 및 목걸이) • binder(수강생 1인당 1개씩) • Tape, Post-it, 펀치, 마이크 등(각 원탁 table에 비치)
3	하드웨어	• 컴퓨터 • 레이저 포인터	• 수강생용 교재 • 노트북(지참, 필요시)	
4	소프트웨어	• video clip(다운받아 놓을 것) • video player • 회계관련 데이터베이스		

Chapter

5 사례교육방법에 의한 FBT 사례(부채)

5.1 사례교육방법에 의한 FBT 사례 소개

본장에서는 사례교육(Case Study)방법을 사용하여 FBT를 수행하는 사례를 소개하도록 한다. 즉, 상장회사인 주식회사 갑의 회계팀장이 출근하여 신문을 보는 중 회사와 관련될 수 있는 기사를 보고 회사의 회계처리를 고민하게 되는 과정으로 가상의 시나리오를 구성하여 앞서 언급한 FBT를 실제 수업시간에 적용하는 사례이다.

5.1.1 일반 정보

수업계획표(5.2)를 통해 주제 및 관련기준서, 권장시간, 사전준비사항, 수업준비물, 상세시간계획을 사례로 제시한다. 본 수업은 부채 중 종업원에 대한 의무와 정부에 대한 의무에 관련된 부채를 주제로 선정하여 사례교육방법으로 수업을 진행하는 사례이다. 본 사례는 예상수업시간이 약 75분 정도로 계획되었으나, 수강생 규모 및 수준 등을 고려하여 시간을 단축 또는 연장할 수 있을 것이다.

5.1.2 사전준비사항

강사는 수업에 임하기 전 교실환경, 수강생의 규모 및 수준 등을 고려한 수업계획표를 확정하고 수업준비물도 미리 준비하여야 한다. 특히, 수강생들에게 사전준비사항(미리 읽어야 할 자료 등)을 일정기간 전(예, 수업 1주일 전)에 공지하여야 할 것이다. 본 사례는 후술하는 5.3의 신문발췌본을 수강생들에게 1주일 전에 배포하고, 수강생으로 하여금 신문기사 및 부채와 관련된 K-IFRS를 자유롭게 찾아보고 수업에 임하는 것을 가정하였다.

5.1.3 수업준비물

각 수업마다 수업준비물들이 다를 수 있는데, 본 수업의 준비물의 목록은 5.2의 수업계획표상 준비물로 나열되어 있으며, 구체적인 자료는 5.3 내지 5.4와 같다.

5.1.4 수업 진행

강사는 화면에 수강생용 슬라이드(PPT자료, 강사노트에 표시되므로 본 교재에서는 첨부를 생략하되, 필요시 수업종료 후 파일형태로 수강생에게 제공할 수 있다)를 넘기면서, 강사노트(5.5)에 있는 바와 같이 진행(강사가 사전에 편집하여서 사용하는 것을 권장한다)하는 방식으로 수업을 진행한다. 보조자(Facilitator)는 사전에 조별 자리배치, 준비물 배포, 기타 수업환경을 조성하고 수강생들의 요청이 있을 경우 도움을 줄 수 있게 대기한다. 다만, 보조자가 없을 경우 강사 혼자서 진행할 수 있을 정도로 충분한 사전준비를 한 후 수업에 임하도록 한다.

5.1.5 사례의 활용

본 사례는 강사와 수강생으로 하여금 사례교육방법에 의한 FBT를 경험하게 하면서 동시에 향후 회계교육의 전달자로서의 역할을 수행하기 위한 강사교육의 사례도 될 수 있을 것이다.

5.2 수업계획표

주제 : 부채

주요 기준서 : K-IFRS 1102, 1019, 1012, 1037호, 해석서 2121호

권장시간 : 75분

사전준비사항(*1) : 1주일 전 신문기사발췌본 배포 및 부채관련 기준서 찾아보기 과제

준비물 :
- 플립차트 및 펜, 테이프 : 팀당 한 세트
- 단어조각모음(*2, 5.4.1) : 팀당 한 세트
- 개념체계 발췌본(5.4.2) : 1인당 1매
- 신문발췌본(5.3), 예상손익추정치(PPT로 대체가능) : 1인당 1매
- 개인노트 : 수강생 각자 준비
- K-IFRS 기준서 : 수강생 지참(laptop)
- 강사용 노트북 및 프로젝터

▣ 상세 시간계획

Topic	Type	Slides (num)	Instructor(*4) (A/F)	Time (min)
수업전 준비(*3)			F	4
Opening/목차	설명	1~2	A	4
Case 1 – 경제적 현상과 유용한 정보	실습 및 강의	3~8	A/F	10
부채의 정의	실습 및 강의	9~13	A	6
Case 2 – 의무	실습 및 강의	15~18	A/F	10
의무와 부채	강의	19~20	A	5
Case 3 – 종업원에 대한 의무	실습 및 강의	21~25	A	10
부채의 인식	강의	26	A	1
Case 4 – 정부에 대한 의무	실습 및 강의	27~37	A/F	20
사례수업 요약	요약	38~39	A	5
Total				75

*1 : 1주일 전에 수강생들에게 과제를 공지함

*2 : 한 줄씩 큰 글씨로 잘라서 배포하는 것 권장, 1page에 프린트해서 제공할 수도 있음

*3 : 조별(조당 7~8명) 자리배치, 준비물점검 등

*4 : A : 강사, F : 보조자(a case study facilitator)

5.3 신문발췌본

나라경제신문

20X5년 2월 25일

기업 재무적 부담 가중될 듯

국세청에서는 금년 부당내부거래에 대한 강력한 세무조사방침을 발표하였습니다. 국세청 고위관계자에 따르면 '20X5회계연도에 대한 법인세신고시 부당내부거래에 대한 과세소득을 자발적으로 신고해 줄 것'을 특별히 당부하였습니다. 아울러 그는 이미 상당수 기업에 대한 기초조사를 마무리하고 있으며, 상당수 기업들이 과거 대비 높은 금액의 과세소득을 신고하기를 기대하고 있다고 합니다. 아울러, 총리실에서는 기후부담금에 대한 20X5년 부과기준을 확정 발표하였습니다. 이 기준에 의하면, 20X5년 매출액이 1,000억원을 초과하는 기업의 경우 초과액의 1%를 기후부담금으로 내년 20X6년 2월 28일까지 납부하여야 합니다.

주식회사 갑 올해도 변함 없는 이익증가세 유지될 듯

주식회사 갑의 회장은 올해도 견조한 이익규모가 유지될 것으로 전망하였습니다. 나라경제신문의 단독인터뷰 내용을 소개드립니다.

기자 : 회장님, 지난해까지의 놀라운 실적에 대해 먼저 축하드립니다. 올해도 견조한 이익규모를 확신하시는 것이죠?

회장 : 네. 올해도 견조한 이익규모의 유지를 확신하고 있습니다.

기자 : 많은 기업들이 올해 전망을 어둡게 보고 있는 것으로 아는데, 회장님께서 그렇게 확신하시는 근거는 무엇인가요?

회장 : 올해 시장상황은 개선되지 않을 것입니다. 그러나 저는 저희 임직원들

의 동기부여에 초점을 맞춘 성과보상체계를 올해 도입하였습니다. 즉, 기본급은 전년도의 70% 수준으로 지급하고, 향후 1년간의 주가수준에 따른 성과보상금을 지급하게 될 것입니다. 저는 저희 임직원들의 열정을 믿습니다. 아울러, 적극적인 구조조정을 추진할 계획입니다. 일부 사업부에 대한 경영진단을 실시하고 있으며, 그 결과가 나오는 대로 과감한 구조조정(인원감축포함)을 실시할 계획입니다.…

(이하 생략)

5.4 단어조각모음과 개념체계 발췌본

5.4.1 단어조각모음

과거 거래에 의하여 발생하였으며
과거 사건에 의하여 발생하였으며
경제적 효익이 내재된 자원이
자산 또는 자본이
기업으로부터 상실됨으로써
기업으로부터 유출됨으로써
제거될 것으로 기대되는
이행될 것으로 기대되는
소멸될 가능성이 높은
현재의무이다
법적인 의무이다

5.4.2 개념체계 발췌본 : 재무제표의 작성과 표시를 위한 개념체계

4. 재무제표를 구성하는 요소의 정의, 인식 및 측정

(1) 요소의 정의. 재무상태의 측정과 직접 관련된 요소는 자산, 부채 및 자본이며, 경영성과의 측정과 직접 관련된 요소는 수익과 비용이다.

(가) 자산은 과거 사건의 결과로 기업이 통제하고 있고 미래 경제적 효익이 유입될 것으로 기대되는 자원이다. 자산에 내재된 미래 경제적 효익이란 직접으로 또는 간접으로 특정 기업의 미래 현금 및 현금성자산의 유입에 기여하게 될 잠재력을 말한다.

(나) 부채는 과거 사건에 의하여 발생하였으며 경제적 효익이 내재된 자원이 기업으로부터 유출됨으로써 이행될 것으로 기대되는 현재의무이다. 현재의무와 미래의 약속은 구별되어야 한다. 미래에 특정 자산을 취득하겠다는 경영자의 의사결정 그 자체만으로는 현재의무가 발생하지 아니한다.

(다) 자본은 기업의 자산에서 모든 부채를 차감한 잔여지분이다. 자본총액은 그 기업이 발행한 주식의 시가총액 또는 순자산을 나누어서 처분하거나 기업 전체로 처분할 때 받을 수 있는 대가와 일치하지 않는 것이 일반적이다.

(라) 수익은 자산의 유입이나 증가 또는 부채의 감소에 따라 자본의 증가를 초래하는 특정 회계기간 동안에 발생한 경제적 효익의 증가로서, 지분참여자에 의한 출연과 관련된 것은 제외한다.

(마) 비용은 자산의 유출이나 소멸 또는 부채의 증가에 따라 자본의 감소를 초래하는 특정 회계기간 동안에 발생한 경제적 효익의 감소로서, 지분참여자에 대한 분배와 관련된 것은 제외한다.

(2) 요소의 인식. 재무제표 요소의 정의에 부합하는 항목이 다음 기준을 모두 충족한다면 재무제표에 인식되어야 한다.

(가) 그 항목과 관련된 미래 경제적 효익이 기업에 유입되거나 기업으로부터 유출될 가능성이 높다.

(나) 그 항목의 원가 또는 가치를 신뢰성 있게 측정할 수 있다.

(3) 요소의 측정. 측정은 재무상태표와 포괄손익계산서에 인식되고 평가되어야 할 재무제표 요소의 화폐금액을 결정하는 과정이다. 측정기준의 예는 다음과 같다.

(가) 역사적 원가

(나) 현행원가

(다) 실현가능(이행)가치

(라) 현재가치

5.5 강사노트

Slide 1

분류	부채
자료?	n/a
유형	시작
실습?	n/a
그룹토의?	No

오늘 수업에 함께하신 여러분들을 환영하며, 저는 본 수업의 진행을 맡은 OOO입니다. 이번 세션에서는 K-IFRS상 부채의 일부를 다루어 보려고 합니다. 사실 일반적인 부채는 기준서상 아주 새로운 분야는 아닐 것이며 여러분들에게도 익숙한 부분일 수 있습니다. 하지만 본 시간에는 원칙중심의 K-IFRS를 주로 Case Study를 통해 각자 자기의 것으로 만들어 보는 데 상당한 의미가 있다고 생각합니다.

클릭

Slide 2

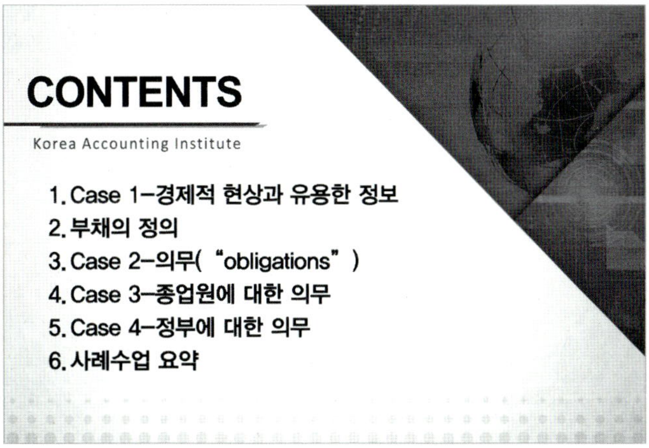

분류	부채
자료?	n/a
유형	목차
실습?	n/a
그룹토의?	No

자, 우리가 오늘 다룰 내용입니다.

Case Study를 통해서 '경제적 현상과 유용한 정보'에 대해 살펴보고요, 부채의 정의에 대해서 생각해 보겠습니다. 다음으로 Case Study를 통해서, '의무', '종업원에 대한 의무', '정부에 대한 의무' 및 각 의무를 어떻게 부채로 인식할 것인지를 살펴보는 순서로 진행하려고 합니다.

클릭

Slide 3

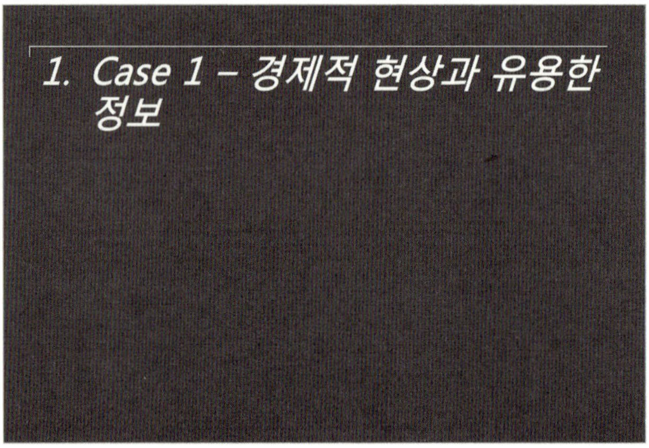

분류	부채
자료?	n/a
유형	소제목
실습?	n/a
그룹토의?	No

먼저, Case를 가지고 부채에 대해 공부해 볼까요?

클릭

Slide 4

Case 1 – 경제적 현상과 유용한 정보

- *과제:*
  - 신문발췌본, 플립차트
  - 신문을 읽고 내재된 경제적 현상과 유용한 정보를 찾아
  - 플립차트에 기재합니다.
  - 팀별과제
  - 약 5분

분류	부채
자료?	신문발췌본
유형	Case Study
실습?	추론하여 내린 답 정리하기
그룹토의?	Yes

[신문발췌본을 1인당 1매씩 배포한다.]

본 신문기사를 여러분이 미리 보고 오셨을 텐데요. 다시 한번 보시고, 그 속에 내포된 "경제적 현상과 유용한 정보"가 무엇인지 생각나는 대로 플립차트에 조별로 기재해 주세요. 시간은 5분 정도 드리겠습니다.

클릭

Slide 6

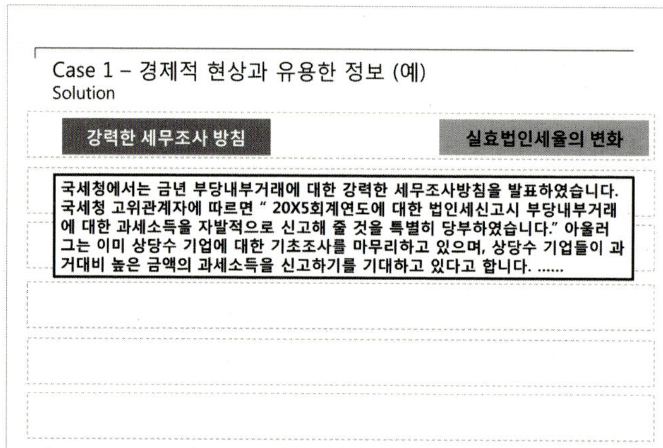

분류	부채
자료?	플립차트
유형	발표
실습?	결과발표
그룹토의?	그룹대표자

[3～4분 후 답변을 기재하는지 살펴보고 적절한 팀을 골라 놓는다.]

자, 이제 마무리하시고요. B조, 생각하시는 답을 발표해 보시죠?

[수강생들의 창의적인 답들도 예상되며, 편안한 분위기를 지속하는 것이 좋다. 이때, 보조자는 수강생들의 발표자료를 즉석에서 화면에 기재하는 방법으로 답변을 공유할 수도 있을 것이다. 아니면, 플립차트를 같이 보면서 답변을 공유할 수 있을 것이다.]

다른 조들도 여러 각도에서 생각하셨겠지만, 제가 생각하는 것을 사례로 한번 봐주시죠.

클릭

Slide 8

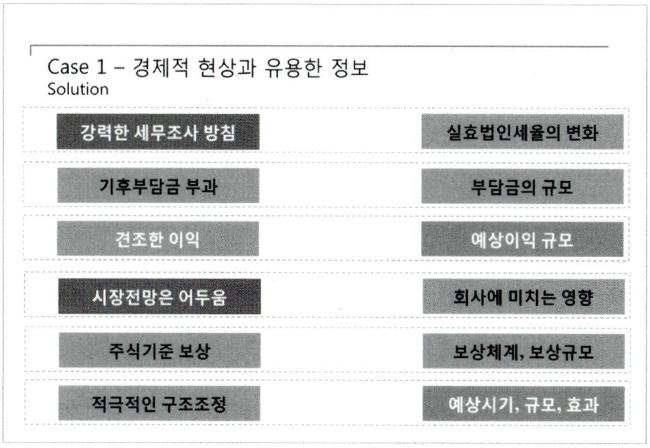

분류	부채
자료?	n/a
유형	답안
실습?	n/a
그룹토의?	No

정리해 보면 보시는 것과 같은 답도 가능할 것 같습니다만, 절대적인 정답이라고는 생각하지 마시길 바랍니다. 지금까지 진행한 부분이 FBT 기준 1단계인 "경제적 현상과 유용한 정보" 찾기를 실습해 본 것이었습니다.

클릭

Slide 9

분류	부채
자료?	n/a
유형	소제목
실습?	n/a
그룹토의?	No

그럼, 다음으로는 부채의 정의에 대해 같이 생각해 봅시다.

클릭

Slide 10

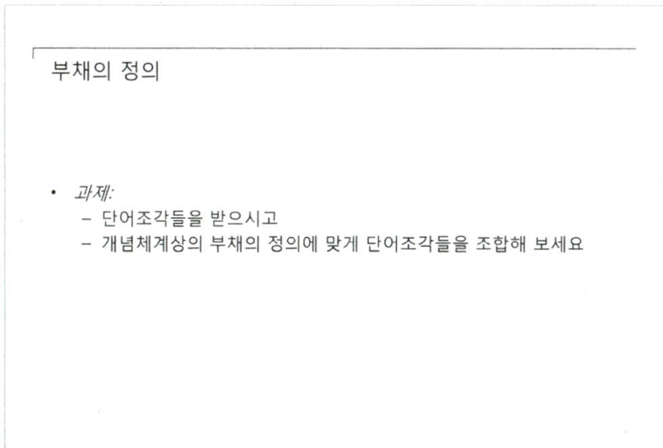

분류	부채
자료?	단어조각
유형	연습
실습?	단어조각으로 문장 만들기
그룹토의?	Yes

[각 팀별로 플립차트와 5.4.1의 단어조각모음을 나누어준다.]

받으신 단어조각들을 조합해서 여러분들이 생각하기에 부채를 표현하는 가장 적절한 문장을 플립차트에 올려 주세요. 조별이구요. 시간은 약 3분이면 충분하겠죠?

[본 팀 과제는 팀별 ice break 성격도 가지므로 최대한 편안하게 서로 이야기할 수 있게 진행한다. 3분 후, 개념체계의 정의와 좀 달리 생각하는 팀을 골라 발표를 시키면 더 재미있을 것이다. 한 팀을 골라서]

자, A조의 한 분이 결과를 발표해 주시죠.

[발표를 마친 후]

네. 좋은 발표였습니다. 그럼, "재무제표의 작성과 표시를 위한 개념체계"에서는 부채를 어떻게 정의하고 있을지 한번 알아보겠습니다.

클릭

Slide 13

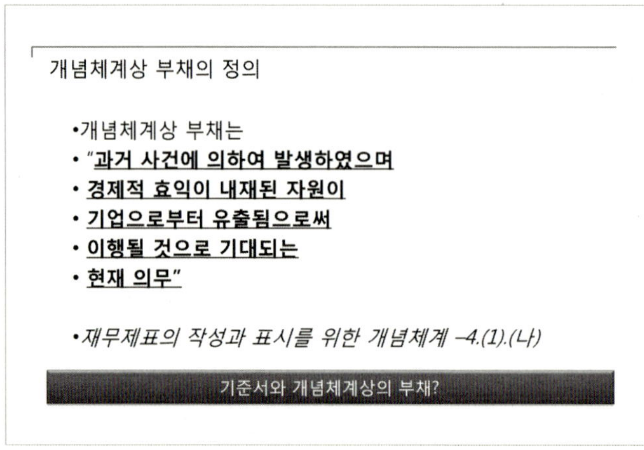

분류	부채
자료?	n/a
유형	요약정리
실습?	n/a
그룹토의?	No

[5.4.2의 개념체계 발췌본을 나누어준다.]

보시는 바와 같이 개념체계에서 정의하는 부채는 "과거 사건에 의하여 발생하였으며 경제적 효익이 내재된 자원이 기업으로부터 유출됨으로써 이행될 것으로 기대되는 현재의무"입니다. 아마 여러분이 작성하신 답과 거의 차이가 없을 것입니다.

그럼 모든 기준서들이 개념체계에서의 정의와 일관성이 있으며, 개념체계상의 정의로 부채를 모두 설명할 수 있을까요?

[잠시 시간을 주고 나서]

꼭 그렇지는 않을 것입니다. 아울러 국제회계기준위원회에서는 개념체계에 대한 개정작업을 진행하고 있는데, 새로운 개념체계상으로는 부채의 정의도 일부 변경될 가능성이 높다는 점도 알아두시면 좋겠습니다. 아무튼 오늘은 현행 개념체계하에서 같이 공부해 보도록 하겠습니다.

클릭~

Slide 15

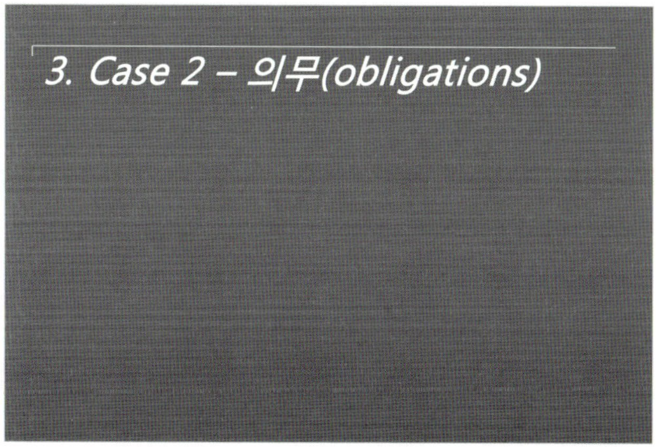

분류	부채
자료?	n/a
유형	시작
실습?	n/a
그룹도의?	No

자, 다음으로 여러분이 보신 신문발췌본 속에 내포된 기업의 “의무(obligations)”가 무엇인지 생각나는 대로 플립차트에 조별로 기재해 주세요. 어떤 의무이고 누구에 대한 의무인지를 같이 기재해 주시면 좋겠습니다.

클릭

Slide 16

Case 2 – 의무(obligations)

- *기본가정:*
  - 수강생: 상장기업의 회계팀장
  - 매 분기 보고서를 작성.공시할 의무
  - 오늘 해당 신문을 보고 처음 알게 된 사실
- *과제:*
  - 신문발췌본, 플립차트
  - 신문을 읽고 내재된 기업의 "의무"를 찾아
  - 플립차트에 기재합니다.
  - 팀별과제
  - 약 5분

분류	부채
자료?	신문발췌본, 플립차트
유형	Case Study
실습?	조별 토의
그룹토의?	Yes

이때, 여러분이 해당 상장기업의 회계팀장이고, 회계팀장은 매 분기 사업보고서를 작성하여야 하는데, 오늘 아침 출근해서 신문을 보는 중에 동 기사를 보는 것으로 가정하고서요… 다시 말씀드리지만 기업의 의무를 찾는 것입니다. 개인의 의무가 아니고요.

시간은 역시 5분 정도면 적절하겠죠?

[3~4분 후 답변을 기재하는 것을 보고]

클릭

Slide 17

기업의 의무(obligations)

항목	누구에 대한 의무인가?	의무가 개념체계상 부채의 정의를 충족하는가?
부당내부거래에 따른 법인세	정부	충족
기후부담금	?	?
?	?	?
주가에 기초한 종업원보상	?	?
해고급여	?	?
구조조정에 따른 부채	?	?

분류	부채
자료?	플립차트
유형	발표
실습?	결과발표
그룹토의?	그룹대표자

A조, 생각하시는 답을 발표해 보시죠?

[가끔 엉뚱한 답이 나올 수도 있을 것이다. 예를 들면, "회계팀장이 구독하고 있는 신문대금에 대한 지불의무"라는 답도 나올 수 있을 것이다.]

좋은 답을 주신 것 같습니다.

혹시 다른 조에서도 추가적인 발표를 하실 분 계신가요?

그럼 제가 생각하는 것을 같이 보겠습니다.

클릭

Slide 18

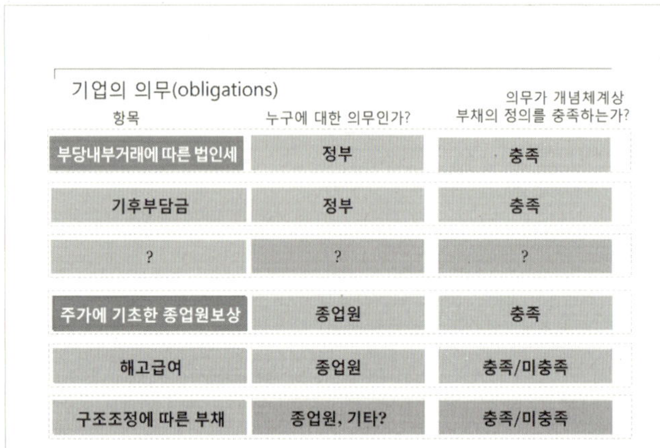

분류	부채
자료?	n/a
유형	답안
실습?	n/a
그룹토의?	No

물론, 절대적인 정답이라고는 생각하지 마시길 바랍니다.

먼저 정부에 대한 의무로 "부당내부거래에 따른 법인세"와 "기후부담금"이 있을 수 있습니다.

그리고 종업원에 대한 의무로 "주가에 기초한 종업원보상", "해고급여" 및 "구조조정에 따른 부채"가 있을 수 있습니다. 물론 구조조정에 따른 부채는 현재 상황만으로는 예측하기가 어렵겠지만, 더 많은 경제주체에 대한 의무를 수반할 수도 있겠습니다.

그런데 이러한 의무들이 개념체계에서 말하고 있는 부채의 정의를 충족할까요?

[시간이 여유 있다면, 이 부분에 대해서도 토의를 진행하는 것도 방법이 될 수 있으나, 시간 절약을 위해서 강사가 다음 슬라이드를 보여주면서 진행하는 것도 한 방법이다.]

클릭

Slide 18

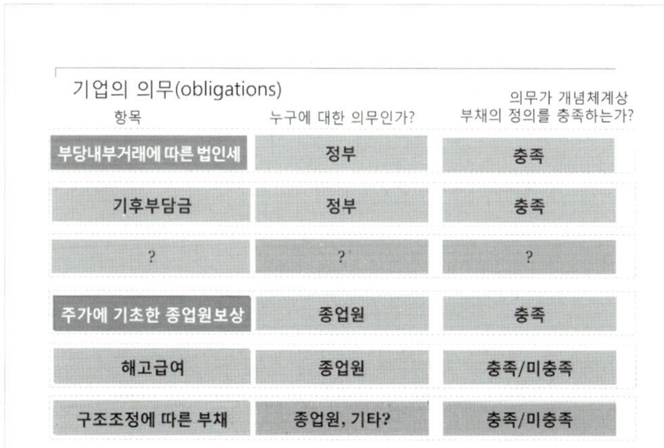

분류	부채
자료?	n/a
유형	결론
실습?	n/a
그룹토의?	No

개념체계에서 정의하는 부채는 앞서 본 것과 같이 "과거 사건에 의하여 발생하였으며 경제적 효익이 내재된 자원이 기업으로부터 유출됨으로써 이행될 것으로 기대되는 현재의무"입니다. 이 정의에 비추어 보면 앞의 의무들은 대부분 부채의 정의를 충족한다고 할 수 있겠습니다. 다만, 해고급여와 구조조정에 따른 부채의 경우 현재로서는 확정되지 않았으므로 부채의 요건을 충족하지 못하고 있다고 보는 것이 더 타당할 것입니다. 그런데 본 사례에서는 올해 내에 구조조정이 종결된다는 가정으로, 즉 연말 기준으로는 부채의 요건을 충족한다는 가정으로 수업을 진행하도록 하겠습니다.

[혹시 다른 의견이 있는 분이 있는지 물어보는 진행을 해도 괜찮을 것이다.]

이렇게 부채의 요건을 충족하는가를 확인하는 과정이 FBT 2단계인 식별(Identification)이라고 할 수 있습니다.

그런데 이러한 의무들이 K-IFRS 기준서에서 모두 부채로 인식되는지, 인식된다면 어떤 부채로 인식되는지는 개념체계만으로 설명되지는 않습니다.

즉, 부채의 분류, 인식의 문제를 다루기 위해서는 개별적인 기준서를 참조해야 하겠는데요,

클릭

Slide 19

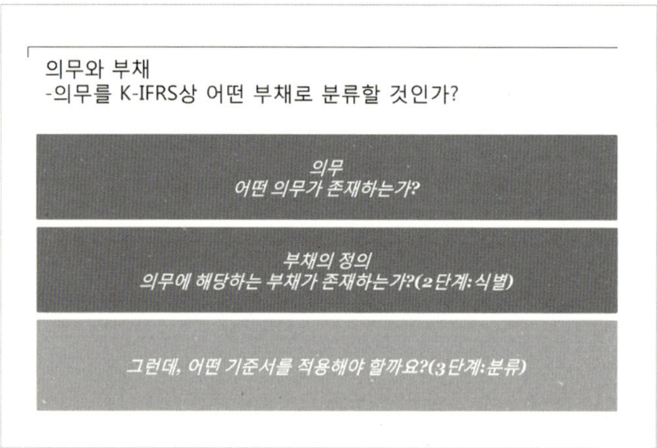

분류	부채
자료?	n/a
유형	강의
실습?	n/a
그룹토의?	No

이 표를 보시면, 어떤 의무가 있을 경우 이 의무가 부채의 정의를 충족하는지, 부채로 인식되어야 하는지 등을 정하여야 하는데, 이를 위하여는 각각의 의무가 어떤 K-IFRS 기준서의 적용대상인지를 먼저 결정하여야만 합니다. 즉 FBT 3단계인 분류(Classification)의 문제입니다.

그럼, 부채와 관련된 기준서를 정하는 방법은 무엇일까요?

다음 그림을 보시죠.

클릭

Slide 20

분류	부채
자료?	n/a
유형	강의
실습?	n/a
그룹토의?	No

보시는 그림은 여러 단을 가진 폭포인데요. 어떤 물을 첫 번째 폭포만 거쳐서 강물로 갈 수도 있구요, 또 어떤 물은 두 번째, 세 번째 폭포까지 거쳐서 강물로 가는 그런 물길이 있을 수 있겠죠?

부채의 범위(scope)라는 다단계 폭포의 마지막 폭포가 K-IFRS 1037호라 할 수 있습니다.

즉, “의무”에 해당하는 부채를 적용할 기준서가 찾아가는 경우 다른 기준서를 적용할 수 없을 경우에는 마지막으로 K-IFRS 1037호를 적용하도록 하고 있기 때문입니다. 즉 부채를 정하는 기준서인 K-IFRS 1102호, 1019호, 1012호, 1032호, 1039호 등에도 적용이 배제되는 경우에는 K-IFRS 1037호를 적용하라는 것이죠. 물론 1037호에서도 부채로 인식되지 않는다면 그 의무는 부채로 인식할 필요가 없다는 것이구요.

이제, 좀더 구체적으로 개별적인 “의무”에 대한 적용기준서의 순서를 살펴보도록 하겠습니다.

클릭

Slide 21

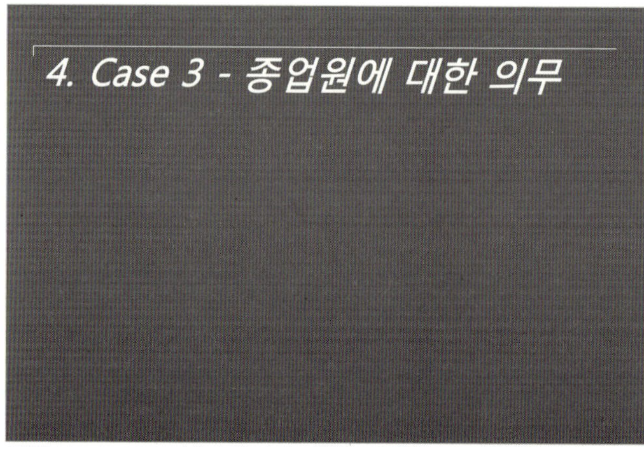

분류	부채
자료?	n/a
유형	시작
실습?	n/a
그룹토의?	No

먼저 종업원에 대한 의무에 대해 같이 공부해 보도록 하겠습니다.

클릭

Slide 22

Case 3 – 종업원에 대한 의무

- *과제:*
  - 신문발췌본, 개인노트
  - 의무, 부채, 적용기준서를 연결하고
  - 판단 근거를
  - 개인별로 노트에 기재합니다.
  - 개인과제
  - 약 5분
- *기본가정:*
  - 수강생: 상장기업의 회계팀장
  - 매 분기 보고서를 작성.공시할 의무
  - 예상손익추정치의 신뢰성 높음

분류	부채
자료?	신문발췌본, 노트
유형	Case Study
실습?	개인 실습
그룹토의?	Yes/No

먼저 신문발췌본에서 본 종업원에 대한 의무는 무엇이 있었죠?

옆의 분들과 자유롭게 이야기하셔도 좋겠습니다.

[수강생들이 1분 정도 자유롭게 이야기할 수 있는 시간을 주고…]

주가에 기초한 종업원보상이 있지요?

그리고 해고급여

또한, 구조조정에 따른 부채가 있었다는 것을 기억하실 것입니다.

물론 다른 의무로 확대할 수도 있겠지만, 오늘은 이 세 가지 의무에 대해서만 생각해 보겠습니다.

클릭

Slide 23

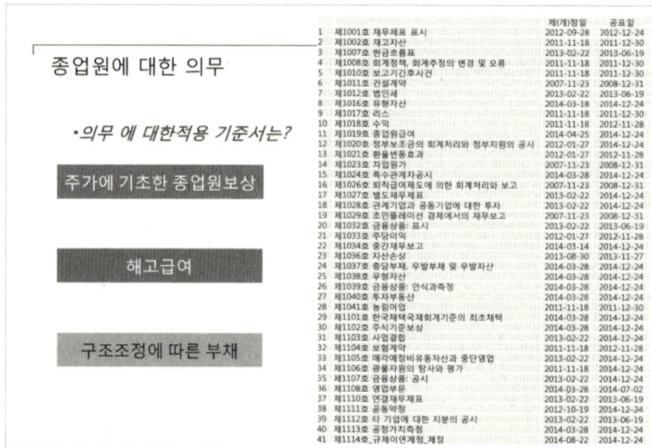

분류	부채
자료?	n/a
유형	강의
실습?	n/a
그룹토의?	No

그런데 이러한 의무가 개념체계상 부채의 정의를 충족하는 것은 이미 확인하셨는데요, 이들에 어떤 기준서를 적용해야 할지를 같이 고민해 보도록 하겠습니다.

각자 노트에 답을 기재해 보시죠. 한 2~3분 정도면 가능하실 것 같습니다.

[수강생들 각자에게 답을 써보게 한다. 옆의 사람과 자유롭게 이야기하면서 답을 써보는 것도 좋을 것이다. 약 3분 정도 시간이면 충분할 것이다.]

이제 거의 다 써보신 것 같은데요, 누가 발표해 볼까요?

[한두 명 이야기하게 하고 계속 진행한다.]

그럼 이렇게 정리될 수 있겠네요.

클릭

Slide 24

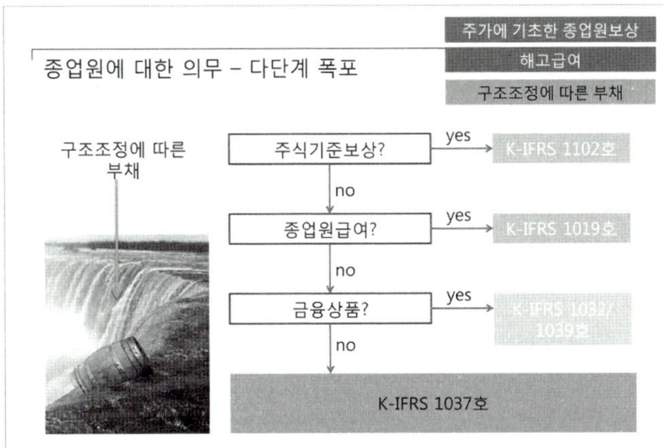

분류	부채
자료?	n/a
유형	강의
실습?	n/a
그룹토의?	No

폭포가 보이네요.

먼저 주가에 기초한 종업원보상에 대해 정리해 봅시다.

이것이 주식기준보상일까요?

네. 맞습니다. 그러니까 아래 폭포까지 갈 필요가 없겠네요. 바로 K-IFRS 1102호를 적용하면 됩니다.

Slide 24

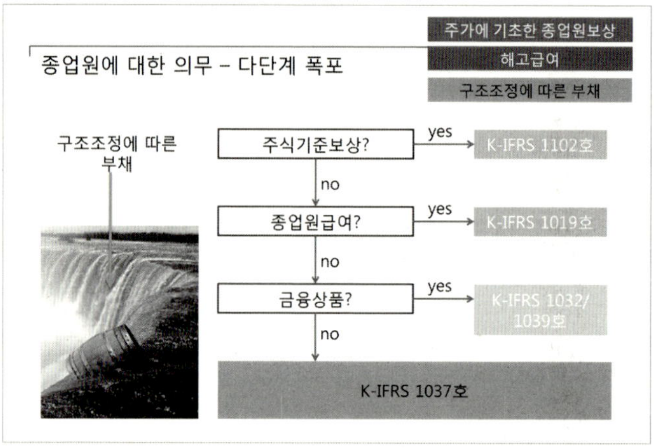

분류	부채
자료?	n/a
유형	강의
실습?	n/a
그룹토의?	No

다음으로 신문발췌본에서 구조조정에 따른 해고급여를 지급한다면, 어떻게 될까요?

먼저, 이것이 주식기준보상인가요?

아니죠. 그럼 아래로 내려갑니다. 이것이 종업원급여인가요?

네. 맞습니다. 그럼 K-IFRS 1019호를 적용합니다.

[물론 해고급여를 주식기준보상체계로 지급할 경우 앞의 1102호를 적용할 여지도 배제할 수 없을 것이지만, 여기서는 현금보상을 가정하였다.]

클릭

Slide 24

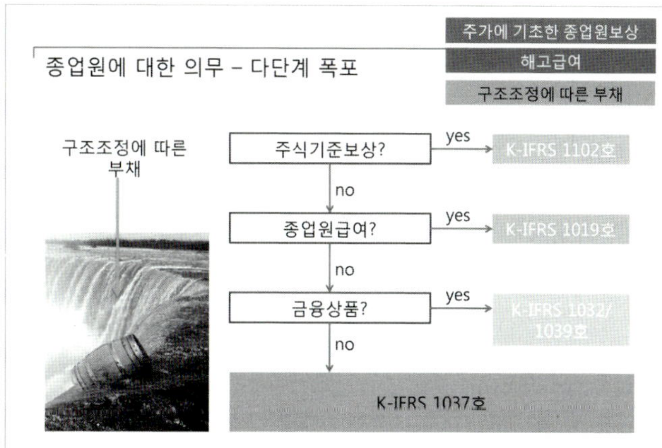

분류	부채
자료?	n/a
유형	강의
실습?	n/a
그룹토의?	No

구조조정에 따른 부채인데요, 사실 어떤 부채가 생길지 현재 추정이 쉽진 않겠죠?

따라서 일반적인 상황에서 답을 한다면,

이것이 주식기준보상이나 종업원급여 혹은 금융상품의 범주에 포함되지 않는 경우가 많기 때문에 K-IFRS 1037호를 적용할 것입니다.

하지만 구체적인 계획이 나오고 실행된다면 그 내용에 따라 적용기준서가 달라질 수도 있겠습니다.

종합하면, 다음과 같이 요약되겠습니다.

클릭

Slide 25

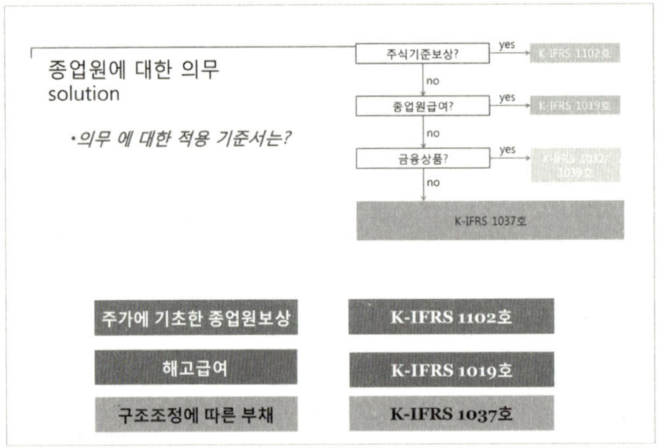

분류	부채
자료?	n/a
유형	강의
실습?	n/a
그룹토의?	No

종업원에 대한 의무가 화면과 같이 요약되었습니다.

즉, 주가에 기초한 종업원보상은 K-IFRS 1102호, 해고급여는 K-IFRS 1019호 그리고 구조조정에 따른 부채는 K-IFRS 1037호를 적용하면 되겠습니다.

혹시 질문 있으신가요?

지금까지 FBT 기준 3단계인 부채의 분류에 대해 공부했는데요, 충분히 이해가 되셨으리라 생각합니다.

그럼, 다음으로 FBT 기준 4단계인 부채를 어떻게 인식할 것인가를 Case를 가지고 공부해 보기로 하겠습니다.

클릭

Slide 26

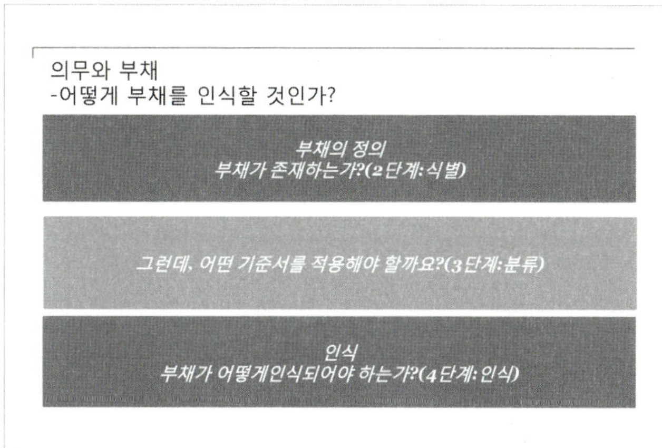

분류	부채
자료?	n/a
유형	시작
실습?	n/a
그룹토의?	No

화면에서 보시는 바와 같이 부채를 어떻게 인식할 것인가는 FBT 기준 4단계인 "인식(Recognition)"의 문제입니다. 지금까지 "경제적 현상과 유용한 정보", "의무", "식별" 및 "분류"에 대해 살펴보았는데요, 이번에는 인식의 문제를 다음의 Case 4 정부에 대한 의무를 통해 같이 공부해 보겠습니다.

클릭

Slide 27

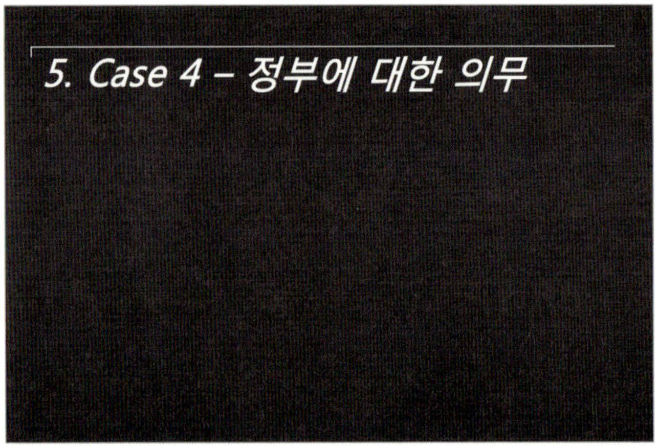

분류	부채
자료?	n/a
유형	시작
실습?	n/a
그룹토의?	No

네. Case 4 정부에 대한 의무입니다.

클릭

Slide 28

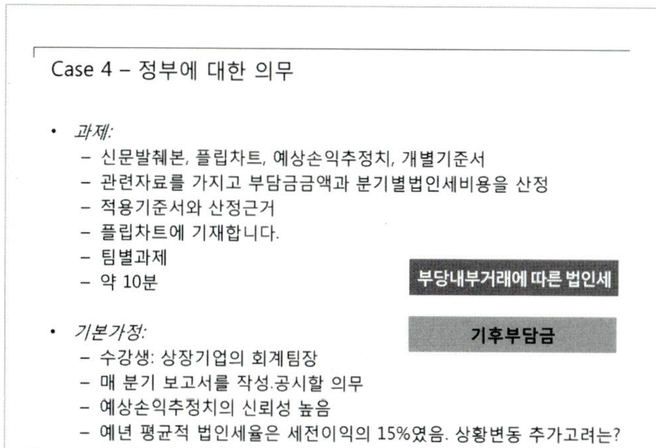

분류	부채
자료?	신문발췌본, 플립차트, 예상손익추정치(Slide 29로 대체)
유형	Case Study
실습?	조별 토의
그룹토의?	Yes

[프린트한 자료를 개인별로 나누어주거나 아니면 뒤의 Slide 29의 예상손익추정치를 보여준다.]

여러분께서 보시게 될(받으신) 자료는 분기별 예상 손익자료입니다. 회계팀장 입장에서 어떻게 회계처리하는 것이 타당할지 생각해 보시고 팀 토의 후, 답을 플립차트에 기재해 주세요. 답은 매 분기별 법인세비용과 부담금비용을 기재하시되, 각각 적용할 기준서와 비용산정의 근거를 같이 기재해 주세요. 10분 정도 드리겠습니다.

클릭

[10분 정도의 시간이면 답을 적을 수 있을 것이지만, 당기 세전순이익에 대한 예상법인세율을 약 16%로 추정할지 아니면, 15%로 할지에 유의하고, 사실 하나만 맞다고 볼 수 없을 수도 있다는 점을 유의한다.]

Slide 29

정부에 대한 의무 - 예상손익추정치

	Q1	Q2	Q3	Q4
매출(백만)	40,000	40,000	40,000	40,000
기타손익	(30,000)	(30,000)	(30,000)	(30,000)
부담금	?	?	?	?
세전이익	?	?	?	?
법인세	?	?	?	?
세후이익	?	?	?	?

분류	부채
자료?	플립차트
유형	발표
실습?	결과발표
그룹토의?	그룹대표자

[10분 정도의 시간이므로 각 조를 돌아보면서 토의를 장려하면 좋다.]

자 B조, 한번 발표해 보시죠.

[다음에 설명할 예상 답안 외에 다른 창의적인 답을 할 수도 있을 것이다. 예를 들어, 국세청에서 세무조사가 나오거나, 전기 이전 거래에 대한 세무신고분을 수정신고하는 것을 가정하고 법인세비용을 추가로 계상하는 것 등]

A조에서 추가할 사항이 있으신가요?

다른 의견이 없으시면 다음과 같이 답을 찾아가 보도록 하겠습니다.

클릭

Slide 31

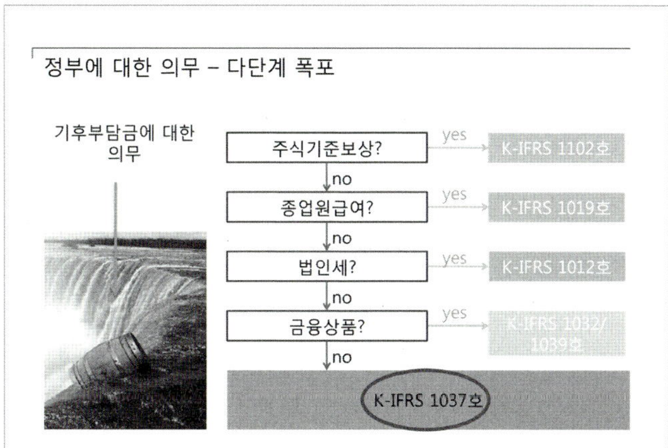

분류	부채
자료?	n/a
유형	강의
실습?	n/a
그룹토의?	No

먼저, 기후부담금입니다.

기후부담금에 대한 의무가 주식기준보상에 해당할까요?

아니므로, 아래로 내려가서 종업원급여에 해당할까요?

역시 아니죠. 그럼 다시 아래로 가서 법인세에 해당할까요?

이 점이 약간 어려울 수도 있는데, 일반적으로는 법인세에 해당하지 않지요. 따라서 아래로 이동합니다.

[소득세할 주민세의 경우 법인세에 부가되는 세금으로 법인세로 간주될 수 있다. 그러나 여기 제시되는 부담금은 주민세와 성격이 다르다고 볼 수 있다.]

결국, K-IFRS 1037호로 가게 되네요.

클릭

Slide 32

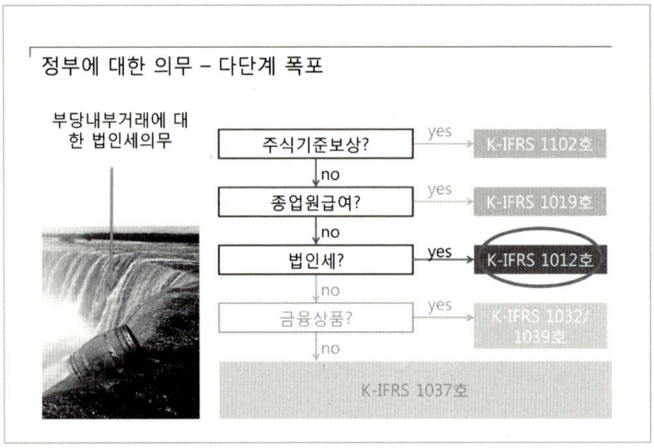

분류	부채
자료?	n/a
유형	강의
실습?	n/a
그룹토의?	No

다음으로 부당내부거래에 대한 법인세의무인데요.

이 의무가 주식기준보상에 해당할까요?

아니므로, 아래로 가서 종업원급여에 해당할까요?

역시 아니죠. 그럼 다시 아래로 가서 법인세에 해당할까요?

일반적으로는 법인세에 해당하지요.

따라서 K-IFRS 1102호로 가게 되네요.

클릭

Slide 33

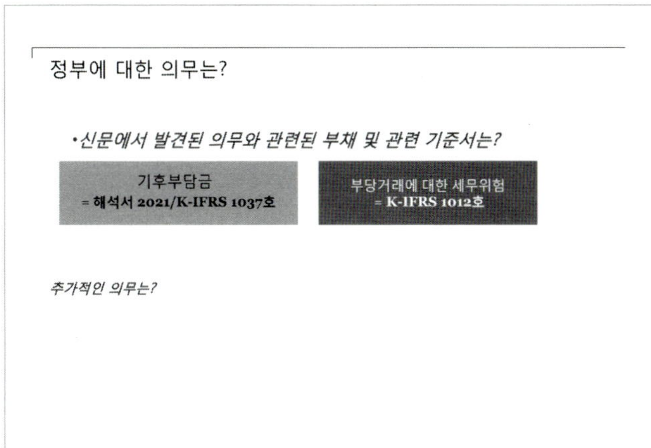

분류	부채
자료?	n/a
유형	강의
실습?	n/a
그룹토의?	No

신문에서 발견된 정부에 대한 의무는 어떤 것이 있나요? 기후부담금이 있지요?

매출액에 대한 새로운 부담금은 K-IFRS 1037호와 해석서 2121호의 범위에 해당합니다. 또한, 부당거래에 대한 불확실한 조세부담가능성이 있으며, 이것은 K-IFRS 1037호가 아니라 1012호의 범위에 속합니다.

[부당내부거래에 따른 법인세도 일반적인 법인세로서 K-IFRS 1012호에 범위에 속하는 것으로 판단된다. 즉, "이 기준서의 법인세는 기업의 과세소득에 기초하여 국내 및 국외에서 부과되는 모든 세금을 포함한다." 참조]

혹시 추가적으로 정부에 대한 의무에 대해 적용할 다른 기준서가 존재하나요?

[수강생들의 창의적인 생각을 들을 수 있을 것이다. 특히, 요즘처럼 정부재정수입을 확대하려는 경향을 고려한다면, 기업입장에서 정부에 대한 의무가 과거에 비해 커질 수 있을 것이다.]

그럼, 적용 기준서의 결정이 왜 중요할까요?

Slide 34

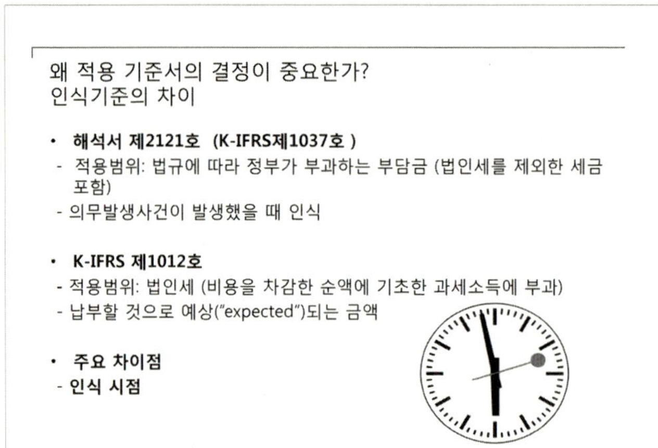

분류	부채
자료?	n/a
유형	강의
실습?	n/a
그룹토의?	No

해석서 2121호는 법규에 따라 정부에 의해 기업에 부과하여 경제적 효익을 갖는 자원이 유출되는 것을 범위로 합니다. 신문발췌본의 일정매출액을 초과하는 금액에 대한 부담금도 이 범위에 해당됩니다.

또한, 해석서에서는 부담금이 의무사건이 발생했을 때 인식되도록 하고 있습니다.

반면, K-IFRS 1012호의 범위는 순액기준, 예를 들어 세전이익으로 계산되는 것같이 좁게 정의되었습니다.

또한 K-IFRS 1012호는 조세부채가 유출될 것으로 기대될 때 인식될 것을 요구하고 있습니다. 일반적으로 "기대된다"는 것은 "가능성이 높은(more likely than not)"으로 이해됩니다.

그럼 부채의 인식에 어떤 차이가 있을까요?

[수강생들에게 잠시 생각할 시간을 줄 수 있다.]

중요한 차이는 인식시점입니다. K-IFRS 1012호에서는 Tax base가 발생하는 시점이고, 해석서 2121호에서는 지급할 의무가 발생했을 때입니다. 즉, 부담금의 경우 임계치를 넘었을 때 부채로 인식하는 것입니다.

구체적인 내용을 표로 보여드리면 다음과 같습니다.

클릭

Slide 35

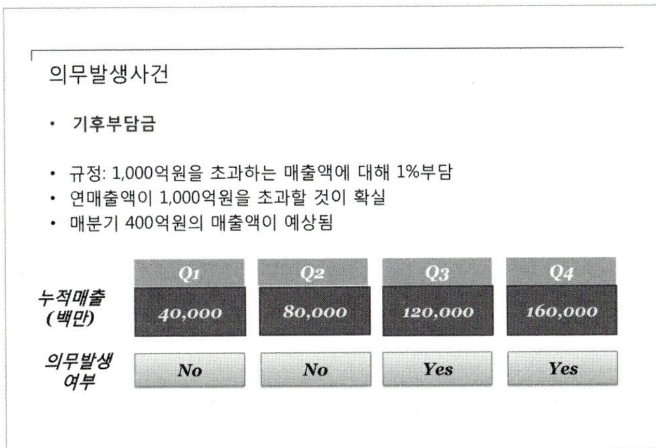

분류	부채
자료?	n/a
유형	강의
실습?	n/a
그룹토의?	No

먼저 기후부담금입니다.

클릭

부담금은 3분기가 되어야 임계치에 이르는 것을 볼 때 1, 2분기에는 전혀 인식하지 않고 3분기 이후에만 인식하게 됩니다.

일견 좀 이상한 회계처리 같아 보일 수 있는데요, 임계치에 이르기 전에는 의무발생사건이 발생하지 않았다는 것입니다. 개념체계에서 정의하는 부채는 "과거 사건에 의하여 발생하였으며 경제적 효익이 내재된 자원이 기업으로부터 유출됨으로써 이행될 것으로 기대되는 현재의무"라는 것을 다시 상기해 주시기 바랍니다.

6월 말로 회사가 폐업한다 해도 법인세는 내야 하지만, 부담금은 전혀 내지 않겠지요?

이 부분에 대해 다른 의견 있으신가요?

그럼, 법인세를 보시겠습니다.

클릭

Slide 36

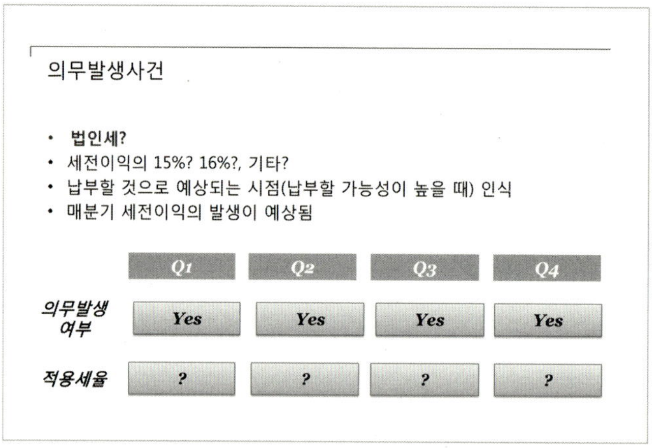

분류	부채
자료?	n/a
유형	강의
실습?	n/a
그룹토의?	No

매분기 법인세를 인식해야 한다는 데는 이견이 없으실 텐데요.

적용세율을 얼마로 할지가 주 판단요소가 되겠습니다.

물론 회사의 영업이 전년도와 유사하므로, 전년도와 같이 추정법인세율 15%로 계산할 수도 있겠지만 회계팀장 입장에서 올해 내부거래에 대한 리스크를 반영하여 16%로 추정하는 것이 더 현실적이라고 할 수 있겠습니다. 물론, 15% 기준으로 계산했다고 해서 틀렸다고는 할 수 없겠습니다.

회계추정에 대한 회사의 판단이 매우 중요하다는 것을 잘 이해하셨으리라 생각합니다.

다른 질문이 없으시면, 종합적으로 정리해 보겠습니다.

클릭

Slide 37

Case 4 – 정부에 대한 의무
solution

	Q1	Q2	Q3	Q4
매출(백만)	40,000	40,000	40,000	40,000
비용	(30,000)	(30,000)	(30,000)	(30,000)
부담금	-	-	(200)	(400)
세전이익	10,000	10,000	9,800	9,600
법인세	(1,600)	(1,600)	(1,568)	(1,536)
세후이익	8,400	8,400	8,232	8,064

분류	부채
자료?	n/a
유형	결과발표
실습?	n/a
그룹토의?	No

부담금은 매출이 1,000억원을 넘는 3분기에 가서야 매출 1,000억원 초과분 200억원의 1%인 2억원을 부담하게 되고, 4분기 400억원에 대한 4억원을 부담하게 됩니다.

법인세는 매분기 세전이익의 16%로 계산했는데요, 회사의 추정치는 달라질 수도 있다는 점을 이해해 주시기 바랍니다.

[수강생들의 수준에 따라서 더 자세하게 계산식까지 보여줄 수도 있다.]

혹시 다른 질문 있으신가요?

Slide 38

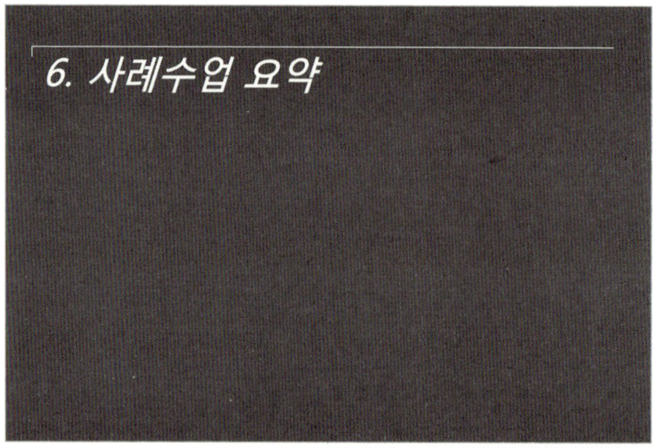

분류	부채
자료?	n/a
유형	마무리
실습?	n/a
그룹토의?	No

이제 오늘 수업을 마칠 시간입니다.

클릭

Slide 39

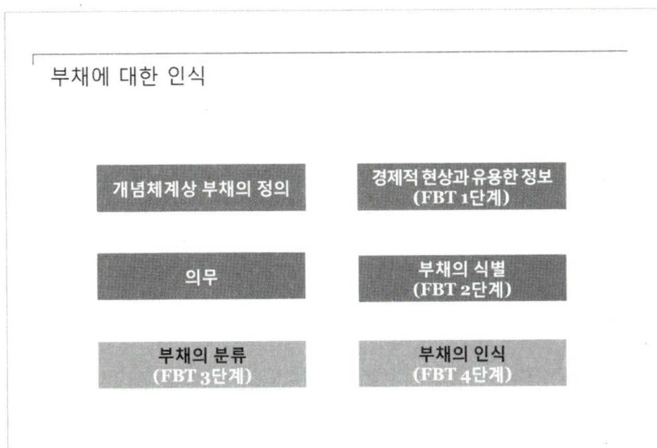

분류	부채
자료?	n/a
유형	마무리
실습?	n/a
그룹토의?	No

정리하면, 개념체계상의 부채의 정의를 살펴보았구요, 이어서 경제적 현상과 유용한 정보, 의무, 부채의 식별, 부채의 분류 및 부채의 인식의 순으로 Case를 통해 공부하였습니다.

[시간이 허락하는 범위 내에서 앞의 화면들을 보면서 간략히 요약하여 설명할 수 있을 것이다.]

오늘 FBT 1단계부터 4단계까지를 주로 Case Study 방법으로 같이 공부해 보았습니다만, 여러분에게 유익한 시간이 되었으면 합니다.

혹시 추가적인 질문 있으신가요?

없으시면, 이것으로 오늘 수업을 모두 마치겠습니다.

감사합니다.

클릭

부록 해답

시나리오 1

질문 | 월드투어(주)의 호텔 매입이라는 경제적 현상과 관련하여 정보이용자에게 유용한 정보는 무엇인가?

해답 일반재무보고의 목적은 정보이용자(현재 및 잠재적 투자자, 대여자 및 기타 채권자)가 기업에 자원을 제공하는 것에 대한 의사결정을 할 때 유용한 보고기업 재무정보를 제공하는 것이다(개념체계 문단 OB2). 지분상품 및 채무상품을 매수, 매도 또는 보유하는 것에 대한 현재 및 잠재적 투자자의 의사결정은 그 금융상품에서 그들이 기대하는 수익, 예를 들면 배당, 원금 및 이자의 지급 또는 시장가격의 상승에 의존한다. 마찬가지로 대여 및 기타 형태의 신용을 제공하는 것 등에 대한 현재 및 잠재적 대여자 및 기타 채권자의 의사결정은 그들이 기대하는 원금 및 이자의 지급이나 그 밖의 수익에 의존한다. 투자자, 대여자 및 기타 채권자의 이러한 수익에 대한 기대는 기업에 유입될 미래 순현금유입의 금액, 시기 및 불확실성(전망)에 대한 그들의 평가에 달려 있다. 이러한 정보이용자는 기업에 유입될 미래 순현금유입에 대한 전망을 평가하는 데 도움을 주는 정보를 필요로 한다(개념체계 문단 OB3).

우선, 호텔 매입이라는 경제적 현상이 호텔이라는 개별 유형자산의 취득인지 아니면 사업의 취득인지를 판단해야 할 것이다. 호텔 매입시 현 경영진을 포함한 모든 임직원을 100% 고용 승계하는 조건이므로 이는 유형자산의 취득이 아니라 K-IFRS 제1103호 '사업결합'을 적용하여 회계처리해야 할 사업의 취득에 해당한다고 볼 수 있다. 따라서 사업의 취득으로 인한 향후 수익률, 영업권으로 지급한 금액, 사업의 취득을 위해 지급한 금액(이전대가) 등은 정보이용자가 기업에 유입될 미래 순현금유입에 대한 전망을 예측 및 평가하는 데 유용한 정보가 될 것이다. 또한, 호텔의 미래 경제적 효익의 소비행태를 합리적으로 반영할 수 있는 감가상각방법, 경제적 내용연수, 잔존가치 등도 정보이용자에게 유용한 정보라고 할 수 있다.

시나리오 2

질문 | 화진발전소(주)의 발전소 핵심 부품 교체 및 대규모 발전소 건설이라는 경제적 현상과 관련하여 정보이용자에게 유용한 정보는 무엇인가?

해답 일반재무보고의 목적은 정보이용자(현재 및 잠재적 투자자, 대여자 및 기타 채권자)가 기업에 자원을 제공하는 것에 대한 의사결정을 할 때 유용한 보고기업 재무정보를 제공하는 것이다(개념체계 문단 OB2). 지분상품 및 채무상품을 매수, 매도 또는 보유하는 것에 대한 현재 및 잠재적 투자자의 의사결정은 그 금융상품에서 그들이 기대하는 수익, 예를 들면 배당, 원금 및 이자의 지급 또는 시장가격의 상승에 의존한다. 마찬가지로 대여 및 기타 형태의 신용을 제공하는 것 등에 대한 현재 및 잠재적 대여자 및 기타 채권자의 의사결정은 그들이 기대하는 원금 및 이자의 지급이나 그 밖의 수익에 의존한다. 투자자, 대여자 및 기타 채권자의 이러한 수익에 대한 기대는 기업에 유입될 미래 순현금유입의 금액, 시기 및 불확실성(전망)에 대한 그들의 평가에 달려 있다. 이러한 정보이용자는 기업에 유입될 미래 순현금유입에 대한 전망을 평가하는 데 도움을 주는 정보를 필요로 한다(개념체계 문단 OB3).

화진발전소(주)가 처한 2가지 경제현상(기존 발전소의 핵심 부품 교체, 대규모 신규 발전소 건설)에 대한 정보는 기업의 정보이용자(현재 및 잠재적 투자자, 대여자 및 기타 채권자)가 기업에 자원을 제공하는 것에 대한 의사결정을 할 때 중요한 정보일 것이다. 정보이용자는 합리적이고 객관적인 평가방법을 통해 기존 설비 수리와 신규 발전소 건설의 경제적 효과성을 추정할 수 있을 것이다. 따라서 기업은 실질적인 경제적 효과를 최대한 정확히 반영하여 기존 설비를 대체할 핵심 부품에 대한 내용연수, 감가상각방법, 자본적 지출 및 수익적 지출의 분류 등을 결정할 필요가 있으며 이는 정보이용자의 의사결정에 매우 유용한 정보가 될 것이다. 그리고 대규모 발전소 건설을 위한 정부보조금, 차입금 및 관련 자본화될 금융비용, 발전소 건설을 위해 취득할 토지, 설비 구축비용 등도 정보이용자가 기업의 미래순현금흐름의 금액을 추정하기 위해 필요한 유용한 정보일 것이다.

시나리오 3

질문 | 강원관광(주)가 보유하고 있는 정선군에 위치한 광구의 급격한 주변 환경 변화에 따른 자산 가치의 상승이라는 경제적 현상과 관련하여 정보이용자에게 유용한 정보는 무엇인가?

해답 일반재무보고의 목적은 정보이용자(현재 및 잠재적 투자자, 대여자 및 기타 채권자)가 기업에 자원을 제공하는 것에 대한 의사결정을 할 때 유용한 보고기업 재무정보를 제공하는 것이다(개념체계 문단 OB2). 지분상품 및 채무상품을 매수, 매도 또는 보유하는 것에 대한 현재 및 잠재적 투자자의 의사결정은 그 금융상품에서 그들이 기대하는 수익, 예를 들면 배당, 원금 및 이자의 지급 또는 시장가격의 상승에 의존한다. 마찬가지로 대여 및 기타 형태의 신용을 제공하는 것 등에 대한 현재 및 잠재적 대여자 및 기타 채권자의 의사결정은 그들이 기대하는 원금 및 이자의 지급이나 그 밖의 수익에 의존한다. 투자자, 대여자 및 기타 채권자의 이러한 수익에 대한 기대는 기업에 유입될 미래 순현금유입의 금액, 시기 및 불확실성(전망)에 대한 그들의 평가에 달려 있다. 이러한 정보이용자는 기업에 유입될 미래 순현금유입에 대한 전망을 평가하는 데 도움을 주는 정보를 필요로 한다(개념체계 문단 OB3).

현재 카지노 건설로 인하여 광구 주변이 급속도로 개발되고 있어 기업이 보유하고 있는 광구 주변의 토지 시가가 큰 폭으로 상승하고 있다. 기업이 잔여 매장량이 미미하여 광구로서의 가치를 거의 상실한 광구의 사용 목적을 관광도시 개발 용도로 변경한다면 광구를 본래 목적인 철, 구리 등의 생산에 사용하는 것보다 매각 등을 통해 유의적으로 더 많은 미래 순현금의 유입을 창출할 수 있을 것이다. 따라서 강원광업(주)는 정선에 위치한 잔여 매장량이 미미하여 향후 사용가치가 크지 않을 것으로 예상되는 광구를 채굴활동 이외의 다른 목적(예 : 매각, 개발, 대출의 담보 목적으로 이용 등)으로 사용할 가능성이 높다. 40년 전에 매입한 광구의 원가모형에 따른 장부금액은 현재 급격한 주변 환경 변화로 인한 토지가격 상승으로 가치가 크게 상승한 광구의 공정가치 금액과 괴리가 매우 클 것이다. 기업이 광구에 대해 원가모형이 아닌 재평가모형을 사용하여 측정한다면, K-IFRS 제1113호 '공정가치측정'에 따라 광구의 최고 · 최선의 사용을 반영(주변의 시가 반영)하여 주기적으로 측정할 것이다. 이러한 공정가치 정보는 원가모형에 따른 정보보다 정보이용자들에게 그들이 기업에 유입될 미래 순현금유입에 대한 전망을 평가하는 데 보다 유용한 정보를 제공할 것이다.

사례 1 바닷속 참치

질문 | 제주앞바다 수중가두리양식장에서 자라고 있는 참치는 사동참치(주)의 자산인가?

해답 수중가두리양식장에서 자라고 있는 참치는 다음과 같이 자산의 정의를 충족하므로 사동참치(주)의 자산이다. 사동참치(주)가 참치 치어를 수중가두리양식장에 가두어 키워왔고(과거사건)이고, 참치가 수중가두리양식장 안에 갇혀 있으며 사동참치(주)가 이 참치의 사용이나 판매를 결정(통제)할 수 있고, 참치를 판매하면 사동참치(주)에 현금이 유입될 것으로 예상된다(미래 경제적 효익).

사례 2 가스계량기

질문 | 서경가스(주)는 가스계량기를 통제하는가?

해답 서경가스(주)는 계량기를 설치하면서 사용자에게 판매하여 이미 현금유입이 발생하였으며 더 이상 그 계량기를 통제하지 않는다. 비록 법률에 의해 가스계량기를 10년 주기로 교체해야 할 의무는 있으나 이것은 사업의 특성상 법률의무가 있을 뿐, 이미 판매한 계량기를 통제하지 못한다. 통제하지 못하는 가스계량기는 서경가스(주)의 자산이 아니다.

사례 3 도시환경정비사업 중의 토지

질문 | 토지는 자우건설(주)의 자산인가?

해답 자우건설(주)는 토지에 대하여 형식상 소유권 이전 등기를 하였으나 이는 사업의 원활한 진행을 위한 것일 뿐, 토지와 관련된 현금흐름(미래 경제적 효익)은 자우건설(주)에게 생기지 않으며 기존 토지소유자에게 생긴다. 기존 토지 소유자는 도시환경정비사업으로 이주 및 토지에 대한 사용권이 제한되나, 여전히 소유권 이전이 가능(통제)하고 토지에 대한 재산세 등의 납세의무를 계속 부담하고 있으며, 분양신청을 하는 시점에서 토지소유권이 분양권의 성격으로 변환되므로 토지소유권의 가격 변동 및 처분에 대한 현금흐름(미래 경제적 효익)을 갖는다. 따라서 토지는 자우건설(주)의 자산이 아니다.

사례 4 엄격한 운영 조건

질문 | 발전소는 서해발전(주)의 자산인가?

해답 발전소는 서해발전(주)가 건설한 물리적 자원(과거사건)이고, 서해발전(주)가 그 재량에 따라 발전소의 사용을 통제할 수 있으며, 서해발전(주)가 전기를 판매하면 현금유입이 발생(미래 경제적 효익)할 것이다. 서해발전(주)가 발전사업 운영에 있어 정부가 제시한 엄격한 가이드라인을 지켜야 하나 그것 때문에 발전소를 통제하지 못하는 것은 아니다. 따라서 발전소는 서해발전(주)의 자산이다.

사례 5 탐사장비 – 미래 경제적 효익[1)]

질문 | 심해시추장비는 태평양석유가스(주)의 자산인가?

해답 시추장비는 태평양석유가스(주)가 매입한 물리적 자원(과거사건)이고, 특정 수역의 원유·가스를 찾기 위하여 자신의 재량에 따라 탐사에 이용 가능(통제)하며, 원유와 가스를 발견하면 베트남 정부로부터 현금유입이 발생(미래 경제적 효익)할 것으로 예상된다. 따라서 시추장비는 태평양석유가스(주)의 자산이다. 여기서 주의할 사항으로는, 시추장비로부터 미래 경제적 효익이 발생할 것으로 예상되면 시추장비는 자산의 정의를 충족할 수 있으며 미래 경제적 효익의 발생 가능성 정도(또는 확률)가 자산의 정의 충족에 영향을 미치는 것은 아니다. 따라서 원유와 가스가 면허기간 내에 발견되어 회사의 미래 현금유입이 발생할 것으로 예상되는 확률이 2%(10%×20%) 수준으로 낮다고 할지라도 시추장비는 자산의 정의를 충족한다.

사례 6 다양한 목적에 따른 아파트 매입

질문 | 풍수건설(주)는 '나홀로 아파트'를 어떻게 분류하여야 하는가?

해답 사택으로 사용하는 아파트 30호는 재화나 용역의 생산이나 제공을 위한 직원들이 주거지로 사용하므로 K-IFRS 제1016호 유형자산의 정의를 충족한다. 나머지 50호는 판매목적으로 취득한 것으로서 회사가 주택 판매를 주된 영업으로 하므로 K-IFRS 제1002호에서 정하는 재고자산의 정의를 충족한다. 그러나 재고자산으로 분류된 50호 중 10호는 현재 임대에 사용하고 있어 K-IFRS 제1040호에서 정하는 투자부동산의 정의를 충족하므로 투자부동산으로 분류한다.

---

1) Example 3, Stage 2-Property, plant and equipment with other non-financial assets, K-IFRS Foundation: Framework-based K-IFRS Teaching Material

다만, 일반기업회계기준 제10장 '유형자산'에서는 임대에 사용하는 부동산을 유형자산으로 분류하도록 규정되어 있다. 따라서 일반기업회계기준을 적용하는 경우에는, 임대중인 아파트 10호를 재고자산이 아니라 유형자산으로 분류해야 한다.

사례 7 한 건물 중 일부는 영업에 일부는 임대에 사용

질문 | 대진보험(주)는 신축건물을 어떻게 분류하여야 하는가?

해답 부동산 중 일부는 임대수익이나 시세차익을 얻기 위하여 보유하고, 일부는 재화의 생산이나 용역의 제공 또는 판매목적에 사용하기 위하여 보유할 수 있다. K-IFRS 제1040호 문단 10에서는 부분별로 분리하여 매각(또는 금융리스로 제공)할 수 있으면 각 부분을 분리하여 회계처리하도록 규정되어 있다. 따라서 기업은 신축건물을 층별로 분리하여 매각(또는 금융리스로 제공)할 수 있다면, 한 건물이더라도 1층~12층은 유형자산으로, 13층~20층은 투자부동산으로 분류해야 할 것이다.

사례 8 임대건물

질문 | 원룸임대(주)는 신축 임대건물을 어떻게 분류하여야 하는가?

해답 원룸임대(주)는 10층 건물을 임대하고 있으며, 동시에 임차인에게 건물 사용을 위한 보안·유지 용역을 제공하고 있다. 따라서 기업은 건물의 보안·유지 용역을 제공하기 위해 당해 건물을 보유하는지를 판단할 필요가 있다. K-IFRS 제1040호 '투자부동산' 문단 11에서는 전체 계약(임대계약+건물 유지용역계약)에서 건물유지용역의 비중이 경미할 경우 당해 건물을 투자부동산으로 분류하도록 하였다. 따라서 원룸임대(주)는 임대를 위한 최소한의 보안·유지 용역을 제공하는 것이라 판단한다면, 건물을 모두 투자부동산으로 분류한다.

사례 9 임대건물

질문 | 인텔렌트(주)는 신축빌딩을 어떻게 분류하여야 하는가?

해답 임대수익이나 시세차익 또는 두 가지 모두를 얻기 위하여 보유하고 있는 부동산은 투자부동산에 해당한다. 그러나 부동산 소유자가 부동산 사용자에게 부수적인 용역을 제공하는 경우가 있다. 전체 계약에서 그러한 용역의 비중이 경미하다면 부동산 소유자는 당해 부동산을 투자부동산으로 분류한다. 하지만 부동산 사용자에게 제공하는 용역이 유의적이라면 그 부동산은 투자부동산이 아닌 자가사용부동산, 즉 유형자산에 해당한다. 따라서 신축빌딩의 분류를 위해서는 해당 부동산을 임대하면서 부수적으로 제공하는 용역이 관련 부동산을 투자부동산으로 볼 수 없을 정도로 중요한지에 대한 판단이 필요하다.

인텔렌트(주)는 임차인에게 최첨단 정보시스템을 제공하고 있고 가구가 완비된 사무실을 대여하고 있으며 모든 관리 용역을 제공하므로 용역의 제공이 유의적이라고 판단할 수 있다. 이 경우, 인텔렌트(주)는 건물을 유형자산(용역 제공 목적)으로 분류해야 할 것이다.

사례 10 호텔 건물

질문 | 소공호텔(주)는 호텔을 어떻게 분류하여야 하는가?

해답 호텔의 관리계약에는 포괄적인 영업관리계약과 단순한 일상적 용역(예 : 청소용역)에 대한 위탁계약이 있을 수 있다. 만일, 소공호텔(주)가 호텔용역(주)와 맺은 관리계약이 단순히 일상적인 기능(예 : 청소용역)에 대한 것이고, 소공호텔(주)가 여전히 호텔운영에서 발생하는 현금흐름 변동 위험에 유의적으로 노출된 경우라면 호텔건물은 호텔업이라는 용역을 제공하기 위해 사용되므로 유형자산으로 분류한다. 그러나 소공호텔(주)가 호텔용역(주)에 호텔의 전반적인 영업 운영을 위탁한다면 투자부동산으로 분류한다.

다만, 관리계약의 조건은 매우 다양하므로, 관리계약의 조건에 따라 부동산 소유자의 실질적인 지위가 수동적인 투자자에 불과하다면 이 호텔 건물이 투자부동산의 요건을 충족할 수도 있다. 따라서 기업은 투자부동산의 정의에 따라 일관성 있게 판단하기 위하여 판단기준을 설정하여 사용해야 한다(IAS 40 문단 13~14 참조).

사례 11 장미를 재배하고 있는 비닐하우스와 토지

질문 | 대림원예(주)는 토지와 비닐하우스를 어떻게 분류하여야 하는가?

해답 토지는 물리적 형태가 있고 한 회계기간을 초과하여 재화(장미) 공급에 사용된다. 토지는 살아 있는 동물이나 식물이 아니기 때문에 유형자산 분류 원칙의 예외규정을 적용하지 않는다. 따라서 토지가 농림어업활동에 관련되더라도 생물자산이 아니기 때문에 K-IFRS 제1041호 '생물자산'에 따라 회계처리할 수 없다. 따라서 토지는 K-IFRS 제1016호의 적용범위 안에 있으며 유형자산으로 분류한다.

비닐하우스 또한 농림어업활동인 장미재배에 사용되더라도 유형자산으로 분류한다. 비닐하우스는 물리적 형태가 있고 한 회계기간을 초과하여 재화(장미와 안개꽃) 공급에 사용된다. 따라서 비닐하우스는 토지와 동일하게 K-IFRS 제1016호의 적용범위에 해당한다.

사례 12 젖소와 목동견 – 생물자산? 유형자산?

질문 | 소관령목장(주)는 젖소와 목동견을 어떻게 분류하여야 하는가?

해답 젖소는 유형자산의 정의를 충족(한 회계기간을 초과하여 송아지 또는 우유 생산에 사용되는 유형의 자산)하지만, 농림어업활동과 관련된 생물자산에 대한 특정한 면제 규정 때문에 K-IFRS 제1041호를 적용하는 생물자산으로 분류한다. 따라서 젖소는 K-IFRS 제1016호의 적용범위에서 벗어난다.

목동견인 보더콜리 4마리는 K-IFRS 제1041호 생물자산의 정의(살아 있는 동물)를 충족하고, 한 회계기간을 초과하여 젖소를 통제하는 데 사용되기 때문에 K-IFRS 제1016호 유형자산의 정의도 충족한다. 그러나 목동견은 생물자산의 정의는 충족하지만 농림어업활동과는 관련이 없으므로 K-IFRS 제1016호 적용범위의 예외규정에 해당하지 않는다. 즉, 소관령목장(주)는 목동견을 통제하지만, 그 생물적 변환(생물자산에 질적 또는 양적 변화를 일으키는 성장, 퇴화, 생산, 그리고 생식 과정)을 판매목적 또는 추가 생물자산으로 전환할 목적으로 관리하지 않는다. 따라서 목동견인 보더콜리는 K-IFRS 제1016호를 적용할 유형자산으로 분류한다.

일반기업회계기준 제10장 '유형자산'에서는 생물자산에 대한 적용제외 규정이 없다. 따라서 젖소와 목동견인 보더콜리는 모두 유형자산으로 분류된다.

사례 13 다년생식물

질문 | 동방식물원(주)는 보유하고 있는 식물을 어떻게 분류하여야 하는가?

해답 식물은 K-IFRS 제1041호 생물자산의 정의(살아 있는 동물)를 충족한다. 또한 한 회계기간을 초과하여 재화와 용역의 공급에 사용되기 때문에 K-IFRS 제1016호에 다른 유형자산의 정의도 충족한다. 식물을 재배하여 판매하는 수익이 유의적(중요)이므로, 농림어업활동(생물적 변환—생물자산에 질적 또는 양적 변화를 일으키는 성장, 퇴화, 생산, 그리고 생식 과정—식물을 판매목적이나 추가적인 생물자산으로 전환할 목적으로 관리한다면)에 관련되기 때문에 K-IFRS 제1016호 적용범위의 예외규정을 적용할 가능성이 높다. 따라서 동방식물원(주)의 식물은 K-IFRS 제1016호의 적용범위에 있지 않을 가능성이 높다(다시 말해, K-IFRS 제1041호 생물자산의 적용범위에 있을 가능성이 더 높다).

다만, 식물을 재배하여 판매하는 수입이 경미(입장료에 부수적)하고 다른 반증이 없다면, K-IFRS 제1016호의 면제 규정이 적용되지 않을 가능성이 높다. 이 경우 동방식물원(주)의 식물은 K-IFRS 제1016호를 적용하는 유형자산으로 분류한다. 일부 식물재배업에서는 판매가 유의적인지 결정하기 위해 판단이 필요하다.

사례 14 광물자원 탐사자산

질문 | (주)에너지는 독점탐사권을 얻기 위해 투입한 원가와 시추 작업 목적으로 구입한 시추장비를 어떻게 분류하여야 하는가?

해답 탐사권을 얻기 위해 투입한 20억원은 물리적 실체가 없어 유형자산의 정의를 충족하지 못한다. 이 지출은 탐사권 취득과 직접적으로 관련되어 있으며 K-IFRS 제1038호 무형자산의 정의(물리적 실체는 없지만 식별가능한 비화폐성 자산)를 충족하므로 무형자산으로 분류될 것이다. 그리고 탐사를 위한 시추 작업 목적으로 구입한 시추장비는 유형자산의 정의를 충족하므로 유형자산으로 분류될 것이다.

그러나 탐사권과 시추장비는 광물자원의 탐사와 평가 활동과 관련한 지출이므로 K-IFRS 제1038호 및 K-IFRS 제1016호의 적용범위에서 제외되어 K-IFRS 제1106호 '광물자원의 탐사와 평가' 기준서 적용대상이 된다. 따라서 탐사권과 시추장비는 K-IFRS 제1106호에 따라 탐사평가자산으로 분류하며, 각 탐사평가자산은 성격에 따라 유형자산이나 무형자산으로 분류하고 이 분류를 일관되게 적용한다.

사례 15 토지 무상 사용권

질문 | 소화제약(주)는 50년 동안 사용가능한 토지를 유형자산으로 분류할 수 있는가?

해답 토지는 인천시 소유로서 인천시에 토지를 처분 또는 임대할 권리(통제)가 있으므로 인천시의 자산이다. 따라서 이 토지는 소화제약(주)의 자산이 아니다. 다만, 토지를 50년간 배타적으로 사용할 수 있는 권리가 있어 이 사용권으로 인한 미래 경제적 효익이 존재하므로 무형자산으로 분류한다(K-IFRS 제1038호 '무형자산' 문단 9~17 참조).

사례 16 영업용 차량, 판매용 차량

질문 | 익스프레스(주)가 보유하고 있는 대형트럭 20대와 타요(주)가 보유하고 있는 대형트럭 100대는 동일하게 분류되는가?

해답 익스프레스(주)가 취득한 대형트럭 20대는 주된 영업인 택배서비스(용역제공)를 제공하기 위한 차량으로서 한 회계기간을 초과하여 사용할 것이 예상되므로 K-IFRS 제1016호 유형자산의 정의를 충족하여 유형자산으로 분류된다.

한편, 타요(주)는 주된 영업이 차량 판매이므로 판매하기 위해 보유하고 있는 대형트럭 100대는 K-IFRS 제1002호 재고자산의 정의를 충족하여 재고자산으로 분류한다.

사례 17 용역 제공시 사용하기 위해 구입한 자산을 임대한 경우

질문 | LTE인터넷(주)는 장비 LAN 100개를 유형자산으로 분류할 수 있는가?

해답 LAN 100개는 케이블 관리 및 고객개통서비스(용역제공)에 필요한 원재료로 보유중이었을 때는 K-IFRS 제1002호 문단 6의 재고자산 정의를 충족하여 재고자산으로 분류하는 것이 적절하다. 그러나 현재는 LAN 100개를 임대에 사용하고 있으며 이는 K-IFRS 제1016호 문단 6의 유형자산의 정의(임대 사용, 물리적 형태, 한 회계기간을 초과하여 사용)를 충족하므로 재고자산에서 유형자산으로 재분류한다. 이때 유의할 점은 K-IFRS 제1040호는 부동산(예 : 토지, 건물) 임대의 경우에만 적용하는 기준서이므로 부동산이 아닌 LAN의 임대에는 적용할 수 없다는 것이다.

사례 18 대체장비

질문 | 네오솔루션(주)가 보유하고 있는 대체장비를 어떻게 분류해야 하는가?

해답 네트워크시스템의 유지보수업무(용역제공)에 필요한 대체장비는 고객의 장비가 수리되는 기간에 투입하였다가 수리가 완료되면 그 대체장비를 철수하고 있어 K-IFRS 제1002호 문단 6의 용역제공에 사용되는 원재료나 소모품과는 다르다. 용역제공이 완료되면 그 대체장비는 네오솔루션(주)의 소유로서 한 회계기간을 초과하여 사용할 것이 예상(K-IFRS 제1016호 문단 6)되므로 유형자산으로 분류한다.

사례 19 매각예정 본사건물

질문 | 엘사전자(주)는 매각하기로 이사회에서 결정한 본사건물을 어떻게 분류해야 하는가?

해답 기존 건물에 대한 양도시기가 매도자에 의하여 지연되는 것은 건물을 즉시 매각할 수 없음을 의미한다. 즉, 기존 건물을 매각예정비유동자산으로 분류할 수 없다. 기존 건물을 미래에 양도할 것이라는 확정구매계약이 이미 체결되어 있다고 하더라도 K-IFRS 제1105호 문단 7의 기준(현재의 상태에서 통상적이고 관습적인 거래조건만으로 즉시 매각가능)은 새 건물이 완공되어야 충족될 것이다. 따라서 엘사전자(주)는 기존 본사건물을 새 건물이 완공될 때까지 유형자산으로 분류한다.

사례 20 매각예정 제조설비[2)]

질문 | 현기자동차(주)는 매각하기로 이사회에서 확정한 트럭 제조설비를 어떻게 분류해야 하는가?

해답 설비의 매각시기가 판매자에 의하여 지연되는 것은 설비를 즉시 매각할 수 없음을 의미한다. 즉, 제조설비를 매각예정비유동자산으로 분류할 수 없다. 이미 설비를 미래에 매각할 것이라는 확정구매계약이 체결되어 있다고 하더라도 K-IFRS 제1105호 문단 7의 기준(현재의 상태에서 통상적이고 관습적인 거래조건만으로 즉시 매각가능)은 설비의 가동이 중지되어야 충족될 것이다. 따라서 현기자동차(주)는 기존 트럭 제조설비를 계속하여 유형자산으로 분류한다.

---

2) K-IFRS 제1105호 사례 2 참조

사례 21 방사성폐기물과 사용 후 연료를 보관하는 토지

질문 | 방사성폐기물과 사용 후 연료를 보관하는 토지와 관련된 미래 경제적 효익이 극동발전소(주)에 유입될 가능성이 높은가?

해답 방사성폐기물과 사용 후 연료를 보관하기 위한 토지는 그 자체가 직접적인 미래 경제적 효익을 창출하지는 않는다. 즉, 이 토지는 전력생산에 직접 이용되지 않으며 100년이 지난 후에는 처분가치나 이용가치가 '0'이다. 그러나 이 토지는 원자력발전소에서 전력생산으로 인한 미래 경제적 효익을 얻기 위하여 반드시 필요하며 이 토지가 있어야만 원자력발전소 가동으로 경제적 효익을 얻을 수 있기 때문에 이 토지는 인식의 첫 번째 기준인 '미래 경제적 효익이 기업에 유입될 가능성이 높다'는 요건을 충족한다.

사례 22 염색공장의 폐수처리시설(수질오염방지시설)

질문 | 폐수처리시설과 관련된 미래 경제적 효익이 대한직물(주)에 유입될 가능성이 높은가?

해답 대한직물(주)가 직물을 제조하여 현금흐름(미래 경제적 효익)을 창출하기 위해서는 폐수를 관련법에서 요구하는 배출허용기준 이하로 낮추기 위한 폐수처리시설이 반드시 필요하다. 즉, 폐수처리시설을 설치해야만 미래 경제적 효익을 창출할 수 있으므로 이 폐수처리시설은 자산의 첫 번째 인식기준인 '미래 경제적 효익이 기업에 유입될 가능성이 높다'는 요건을 충족한다.

사례 23 지방정부로부터 무상으로 받은 토지

질문 | 동방산업(주)는 마주시로부터 무상으로 받은 토지를 신뢰성 있게 측정할 수 있는가?

해답 마주시 소유의 토지는 거래가 없었을 것이므로 정확한 공정가치를 알

수 없다. 그러나 동방산업(주)는 주변의 토지 거래가격, 공시지가 등을 고려하여 토지의 가치를 합리적으로 추정할 수 있을 것이다. 이러한 합리적인 추정이 신뢰성을 훼손하지는 않는다.

사례 24 사업부 취득

질문 | 대보자동차(주)는 제조설비, 공장건물, 토지를 신뢰성 있게 측정할 수 있는가?

해답 공장건물과 토지의 경우 주변 건물이나 토지의 거래가격, 공시지가 등을 참조하고 해당 자산의 특성을 반영하여 신뢰성 있는 원가를 추정할 수 있을 것이다. 제조설비의 경우에는 유사한 성능의 설비로 대체할 때 소요되는 원가 등을 고려하여 신뢰성 있는 원가를 추정할 수 있을 것이다.

사례 25 자가건설 건물

질문 | 자가건설한 본사건물을 신뢰성 있게 측정할 수 있는가?

해답 한국건설(주)는 신축한 자가건설 본사건물의 원가를 산정한다. 설계비, 재료비, 노무비, 간접비, 감리비 등 수많은 원가요소들이 있을 것이다. 또한 본사신축과 관련하여 차입한 자금이 있을 경우 K-IFRS 제1023호 '차입원가 자본화'에 따라 차입이자를 본사건물원가에 포함하여야 할 경우도 있을 것이다(이러한 추정으로 인한 측정치는 신뢰성을 훼손하지 않는다).

사례 26 일상적인 수선(수선 및 유지보수)[3]

질문 | 유지보수 직원의 급여와 소모품 및 소형 부품의 원가를 유형자산으로 인식할 수 있는가?

3) Example 13, Stage 2-Property, plant and equipment with other non-financial assets, K-IFRS Foundation: Framework-based K-IFRS Teaching Material

해답 유형자산을 유지하기 위한 지출은 미래 경제적 효익을 추구하여 발생한 것으로 주장할 수도 있지만 일반 인식원칙에 따라 자산의 장부금액으로 인식하기에는 충분하지 않다(K-IFRS 제1016호 결론도출근거 문단 BC12). 이러한 일상적인 수선원가는 해당 유형자산의 내용연수나 가치를 증가시키지 않는 지출일 것이다. 따라서 일상적인 수선원가는 K-IFRS 제1016호 문단 12의 적용지침에 따라서 발생한 때에 비용으로 인식한다. 일상적인 수선 및 유지보수 원가는 주로 노무비와 소모품비로 구성되며 사소한 부품원가가 포함될 수도 있다.

사례 27 주요 검사 - 유형자산 항목의 운영 지속 조건[4)]

질문 | 검사를 받기 위해 발생한 원가를 항공기 자산의 일부로 인식할 수 있는가?

해답 결함에 대한 정기적인 종합검사는 항공기를 계속적으로 가동하기 위한 필수 검사이다. 항공기 결함 검사를 받지 않으면 기업은 상업적 항공용역을 제공하기 위해 항공기를 사용할 수 없으므로 검사 원가는 자산의 첫 번째 인식기준인 '미래 경제적 효익이 기업에 유입될 가능성이 높다'는 요건을 충족한다. 따라서 K-IFRS 제1016호 문단 7에 명시된 두 번째 인식기준(원가는 신뢰성 있게 결정할 수 있다고 가정)을 충족한다면 검사를 항공기 자산의 일부로 인식한다(K-IFRS 제1016호 결론도출근거 문단 BC6). 한편, 과거 검사로 인한 잔여 장부금액이 있다면 자산의 그 부분이 대체되었기 때문에 제거한다.

사례 28 장기 사용한 골프장 코스의 페어웨이 잔디 전면교체

질문 | 서주컨트리클럽(주)는 골프장의 잔디를 전면교체하면서 발생한 원가를 유형자산으로 인식할 수 있는가?

해답 골프장 코스의 페어웨이 잔디 품질이 높아진다면 골프장 이용객이 늘거나 골프이용료가 높아지거나 또는 둘 다를 통해 기업에 현금이 유입되

4) Example 14, Stage 2-Property, plant and equipment with other non-financial assets, K-IFRS Foundation: Framework-based K-IFRS Teaching Material

는 결과를 예상할 수 있다. 즉 잔디 전면교체로 발생하는 원가는 골프장 코스의 가치를 증진시켜 기업이 미래 경제적 효익을 얻을 수 있게 하므로 기업은 이러한 원가를 자산으로 인식한다.

사례 29 호텔의 개보수 비용

질문 | 강서호텔(주)는 일정주기로 실시하는 대규모의 개보수로 인한 원가를 호텔건물의 일부로 인식할 수 있는가?

해답 호텔업을 영위하기 위한 일상적인 개보수는 호텔건물 자체의 수명을 연장시키거나 가치를 실질적으로 증가시킨다고 보기 어려울 수 있다. 이 경우 K-IFRS 제1016호 문단 12의 일상적인 수선·유지와 관련하여 발생하는 원가를 해당 유형자산의 장부금액에 포함하여 인식하지 아니한다는 규정에 따라 비용으로 인식한다.

사례 30 알루미늄 용해로 내화벽돌 교체 비용

질문 | 남진알루미늄(주)는 내화벽돌 교체원가를 알루미늄 용해로의 일부로 인식할 수 있는가?

해답 남진알루미늄(주)가 내화벽돌을 교체하지 않고는 이 용해로를 사용하여 알루미늄 판재를 생산할 수 없다면 내화벽돌을 교체하면서 발생하는 원가는 미래 경제적 효익의 유입 가능성을 높인다. 따라서 K-IFRS 제1016호 문단 13에 따라 내화벽돌 교체원가(원가는 신뢰성 있게 측정가능하다고 가정)를 용해로의 원가(자산)로 인식한다. 이때 교체된 내화벽돌 장부금액은 제거한다.

사례 31 골프장

질문 | 골프장 조성을 위해 발생한 원가는 유형자산의 회계단위로 어떻게 구별될 수 있는가?

해답 K-IFRS 제1016호는 인식의 단위, 즉 유형자산 항목을 구성하는 범위에 대해서는 정하지 않는다. 따라서 인식기준을 적용할 때 기업의 특수한 상황을 고려하여야 한다.

토지를 취득하거나 토지를 의도한 목적대로 사용할 수 있도록 준비하는 데 직접 관련되는 지출은 토지의 원가를 구성하게 되므로 골프장 조성을 위하여 발생한 원가 중 토지 조성비, 정지비, 절토 및 성토 공사비와 같이 영구적으로 경제적 효익을 제공받을 수 있는 부분에 대해서는 토지의 취득원가에 산입하여 유형자산의 한 항목으로 인식하는 것이 적절하다.

조경 공사비, 장애물 공사비, 그린 및 티 박스 공사비, 배수시설 공사비, 도로 공사비와 같이 사용이나 시간의 경과에 따라 경제적 효익이 감소하는 부분에 대해서는 토지와 구분하여 별도의 감가상각대상 자산으로 인식하고 또한 각 항목이 중요할 경우 분리하여 각각의 내용연수 동안 감가상각하는 것이 적절할 것이다.

사례 32 제조공장[5)]

질문 | 에그박스(주)가 취득한 제조공장의 각 유형자산 항목별 회계단위는 어떻게 구별하는가?

해답 취득시점에 공장 건물, 폐지분쇄기, 펄핑기계의 가치는 개별적으로 유의적일 가능성이 매우 높다. 반대로 개별 가격이 만원을 넘지 않는 저렴한 금형은 어느 것도 개별적으로 유의적이지 않을 것이다. 따라서 그것들은 집합적으로 하나의 유형자산 항목으로 분류할 수 있다. 더욱이 금형의 전체 가치가 중요하지 않다면(또 다른 판단), 금형의 집합을 유형자산의 개별 항목으로 구별할 필요가 없다. 가장 비싼 지게차는 5백만원이기 때문에 지게차가 개별적으로 경미한지를 결정하는 것은 아마도 더 많은 판단이 필요할 것이다. 그 판단을 할 때에는 지게차의 공정가치뿐만 아니라 기업의 총자산 및 유형자산 규모, 지게차의 성격 등 모든 사실과

5) Example 16, Stage 2-Property, plant and equipment with other non-financial assets, K-IFRS Foundation: Framework-based K-IFRS Teaching Material

상황을 고려할 필요가 있다.

앞 장에서 언급하였듯이 회계단위(항목의 인식에 대한 측정의 단위)를 유형자산 항목의 감가상각단위와 혼동해서는 안 된다. 유형자산 항목의 각 부분의 원가가 유형자산의 전체 원가에 비교하여 유의적이라면, 해당 유형자산을 감가상각할 때 그 부분은 별도로 구분하여 감가상각한다. 위 사례에서, 공장 건물은 하나의 회계단위로 구분하더라도, 건물을 구성하는 구조물과 지붕은 내용연수가 다르므로 각각을 별도의 감가상각단위로 하여 건물은 30년에 걸쳐, 지붕은 10년에 걸쳐 감가상각한다. 유형자산의 일부를 별도의 감가상각단위로 구분할 때 다음의 사항을 고려하여 종합적으로 판단할 필요가 있다.

- 유형자산이 기능별 또는 사용목적별로 세분화되는지 여부
- 내용연수가 명확하게 구분되는지 여부
- 물리적으로 분리가 가능한지 여부
- 금액적으로 중요한지 여부

사례 33 중요성[6)]

질문 | 다국적기업(주)의 회계처리는 K-IFRS를 위반한 것인가?

해답 반증이 없다면, 중요하지 않은 유형자산의 항목들을 최초 인식시 비용으로 인식하는 회계정책은 그 항목들이 개별적으로 중요하지 않을 뿐만 아니라 누적적으로도 중요하지 않기 때문에 K-IFRS를 위반한 것이 아니다(K-IFRS 제1008호 문단 8 참조).

사례 34 유형자산 취득원가

질문 | 토지의 취득과 관련하여 발생한 비용 중 취득원가에 포함되는 항목과 포함되지 않는 항목은 무엇인가?

---

6) Example 17, Stage 2-Property, plant and equipment with other non-financial assets, K-IFRS Foundation: Framework-based K-IFRS Teaching Material

해답 인식하는 유형자산은 원가로 측정한다. 유형자산의 원가란 자산을 취득하기 위하여 자산의 취득시점이나 건설시점에 지급한 현금 또는 현금성자산이나 제공한 기타 대가의 공정가치를 말한다. 유형자산의 취득과 직접적으로 관련 있고 필수불가결하게 발생하는 관세 및 환급불가능한 취득 관련 세금은 취득원가에 가산하며, 경영진이 의도하는 방식으로 유형자산을 가동하는 데 필요한 장소와 상태에 이르게 하는 데 직접 관련된 원가도 취득원가에 가산한다.

따라서 허니스낵(주)의 토지의 최초 취득원가에는 토지 구입원가인 50억원과 취득세 3.7억원 그리고 부동산중개수수료 및 소유권이전 등기비용 6천만원이 포함된다. 재산세 3천만원은 토지를 보유함에 따라 발생하는 비용이므로 취득원가에서 제외하며, 사전 타당성 검토 용역 비용 1천만원도 취득과 관련된 직접 비용이 아닌 취득 여부를 결정하기 위해 취득 전에 발생한 지출이므로 취득원가에서 제외하며 비용처리한다.

사례 35 유형자산 취득원가

질문 | 토지취득 전담부서의 근무직원에 대한 지급 인건비(예 : '09~'13사업연도, 713백만원)를 당기 비용으로 처리하여야 하는가 아니면 토지 취득원가에 포함하여야 하는가?

해답 현행 유형자산 기준은 자산의 취득원가를 구입원가와 경영진이 의도하는 방식으로 자산을 가동하는 데 필요한 장소와 상태에 이르게 하는 데 직접 관련되는 원가만을 포함시킴으로써 부대원가의 과도한 자산화를 억제하고 있다.

까르진마트(주)는 대형유통업을 영위하고 있어 다수(여러 곳)의 토지를 탐색할 필요가 있으며, 이에 따라 내부에 별도의 토지전담부서를 두고 토지입지 선정, 사업의 타당성 분석, 토지가격협상 등 토지취득을 위한 활동을 전담하도록 하고 있다. 이 경우 토지전담부서의 인건비는 대부분 고정비에 해당하므로 토지전담부서의 인건비 중 취득한 각각의 토지와 직접 관련되면서 회피불가능한 원가를 구분해 내기란 실무상 어려울 것이다.

따라서 경영진은 토지전담부서의 인건비가 취득한 토지와 직접 관련된다거나 회피불가능(당해 토지를 취득하지 않았다면 발생되지 않았을)한 원가가 아니라는 명백한 증거가 있지 않는 한 일반적으로 토지의 취득원가로 인식할 수 없을 것이다.

사례 36 유형자산 취득원가

질문 1 | 10년 후 지출할 최종복토비와 사후관리비를 현재 자산으로 인식하는 것이 적절한가?

해답 자산을 해체, 제거하거나 부지를 복구하는 데 소요될 것으로 최초에 추정되는 원가는 유형자산의 취득원가에 포함된다. 회사가 자산을 해체, 제거하거나 부지를 복구할 의무는 해당 유형자산을 취득한 시점에 또는 해당 유형자산을 특정기간 동안 재고자산 생산 외의 목적으로 사용된 결과로서 발생한다.

선진산업(주)의 주요 영업활동은 산업폐기물의 매립 및 소각 사업이며 해당 사업에 사용되는 매립장은 수질, 대기 오염 등을 유발할 가능성이 있는 시설물이므로 법률에 따라 경제적 사용이 종료된 후에 환경보전 등을 위해 원상 회복시켜야 하는 의무가 있다. 기업이 복구의무를 수행하지 않으면 해당 유형자산의 취득이 불가능하며 관련 사업을 진행할 수 없다. 따라서 선진산업(주)가 복구비용 성격으로 추정한 최종복토비와 사후관리비는 유형자산의 취득원가에 가산한다.

선진산업(주)가 복구의무와 관련된 최종복토비와 사후관리비를 유형자산(토지)으로 인식하고, 이에 관련된 의무를 K-IFRS 제1037호 '충당부채, 우발부채 및 우발자산'에 따라 인식·측정한 것은 K-IFRS 제1016호의 측정원칙과 일관되므로 적절하다.

질문 2 | 선진산업(주)의 경영진이 사후처리부채 측정을 위해 필요한 유의적인 추정과 결정을 할 때 고려할 요소는 무엇인가?

해답 사후처리부채를 측정할 때 고려할 요소는 다음과 같다.

(1) 추정의 사용이 재무제표의 신뢰성을 훼손하는가?

(2) 충당부채의 측정원칙을 충족하는가?

(3) 현재의무를 이행하기 위하여 소요되는 지출 금액에 영향을 미치는 미래사건(예 : 부지의 복구원가를 줄일 수 있는 미래 기술의 변화)이 발생할 것이라는 충분하고 객관적인 증거가 있는 경우에 이를 반영할 수 있는가?

사례 37 기존 건물을 철거하고 새로운 건물을 신축

질문 | 기존 건물의 미상각 장부금액과 철거비용은 토지의 원가, 신축 건물의 원가, 당기 비용 중 어떤 것에 해당하는가?

해답 대륙산업(주)는 미상각 장부금액과 철거비용을 전액 당기 비용으로 인식한다. 새로운 건물을 신축하기 위하여 철거되는 기존 건물은 더 이상 미래의 경제적 효익을 제공하지 못하므로 자산성이 없을 뿐만 아니라, 본사 건물 철거 의사결정은 구건물의 내용연수에 대한 추정의 변경에 해당하며 이 경우 기존 건물의 내용연수는 더 이상 존재하지 않는다.

기존 대지는 대륙산업(주)가 의도하는 방식으로 사용할 수 있으므로, 기존 건물의 미상각 장부금액과 철거비용은 토지원가에 직접 영향을 미치지 않으며, 또한 신축 건물을 사용하기 위해 직접 발생된 항목도 아니므로 유형자산으로 인식할 수 없다.

한편, 신규건물을 건설할 목적으로 토지를 구입하여 토지 위에 있는 기존 건물을 철거하였을 경우에 건물철거비용을 토지원가에 가산한다. 왜냐하면 건물철거비용은 구입한 토지를 취득목적(신규건물 신축)에 적합하도록 만들기 위해 소요되는 지출이기 때문이다.

사례 38 사업자부담 도로편입예상토지

질문 | 도로편입예상부지 원가와 차로 개설비는 토지의 원가, 신축 건물의 원가, 당기 비용 중 어떤 것에 해당하는가?

해답 도로편입예상부지는 백화점 영업을 위해 필수불가결한 용지이므로, 도로편입예상부지의 원가는 토지원가에 해당하나, 차로 개설비는 토지의 사용용도와 직접 관련되지 않아 토지원가에 포함시킬 수 없다. 차로 개설비는 신축 건물을 이용한 백화점 영업을 위해 발생한 필수불가결한 원가이고 도로의 후속 유지보수책임을 회사가 부담하지 않고 공명시가 부담하므로 이를 신축 건물의 원가에 포함한다. 만일, 도로의 후속 유지보수책임을 공명시가 아닌 회사가 부담하게 된다면 차로 개설비는 신축 건물의 원가에 포함하지 않고 별도로 구축물의 취득원가로 인식해야 한다.

사례 39 토지 점유보상비

질문 | 이주보상비와 점유보상비는 토지 취득원가에 포함되는가 아니면 건물의 취득원가에 포함되는가?

해답 건우건설(주)가 아파트 용지로 사용하기 위해 토지를 매입하였으나, 장기간 유·무단 점유자가 점유하고 있는 지상물을 일방적으로 철거하는 등의 권리행사는 현행법상 불법이므로 완전한 권리실행을 위해 이주보상비와 점유보상비를 지급한 것이다. 따라서 이주보상비와 점유보상비는 토지를 사용가능(아파트 신축)할 수 있도록 불가피하게 발생한 원가이므로 토지 취득원가에 포함하는 것이 적절하다.

사례 40 기계장치 설계변경으로 인한 손실부담비용

질문 | 1억원의 손실부담비용은 B형 기계장치의 취득원가에 포함되는가?

해답 A형 취소에 따른 손실부담비용은 계약미이행 당사자의 책임 보상 규정에 따라 지급된 금액으로, 미래 경제적 효익의 유입을 기대할 수 없다. 또한 A형 취소에 따른 손실부담비용은 B형 기계를 경영진이 의도하는 방식으로 가동하는 데 필요한 장소와 상태에 이르게 하는 데 직접 관련되는 원가라고 보기 어려우므로 당기 비용으로 인식하는 것이 적절할 것이다. 다만, B형 기계 제작시 A형 기계의 구성품을 사용하였다면 A형 기계의 구성품 사용으로 인한 B형 기계제작 원가 절감액(1억원)을 한도로 B형 기계의 취득원가에 포함하는 것이 적절하다.

사례 41 차입원가

질문 | 신개발(주)가 취득한 건물은 차입원가를 자본화하기 위한 적격자산에 해당하는가?

해답 K-IFRS 제1023호 '차입원가' 문단 5에서는 적격자산을 '의도된 용도로 사용하거나 판매가능한 상태에 이르게 하는 데 상당한 기간을 필요로 하는 자산'으로 정의하고 있다. 신개발(주)는 노후화된 건물을 의도한 용도로 사용하기 위한 대수리 공사를 전제로 구입한 경우이므로 이 자산은 적격자산에 해당하며, 대수리가 완료되어 건물을 의도한 용도로 사용할 수 있는 상태에 도달한 날까지 건물의 구입 및 대수리에 사용된 차입금에 대한 금융비용을 자본화하여야 한다.

사례 42 차입원가

질문 | 마곡건설(주)는 용지 구입을 위해 차입한 금액에서 발생한 이자비용 3억원을 자본화할 수 있는가?

해답 K-IFRS 제1023호 문단 8에서는 적격자산의 취득 또는 건설과 직접 관련된 차입원가는 당해 자산 원가의 일부로 자본화하도록 하고 있고 있으며, 기타 차입원가는 발생기간에 비용으로 인식하도록 하고 있다. 따라서 토지(용지)의 경우 취득 이전과 취득 후로 나누어 취득 이전에 발생한 자본화할 금융비용은 토지의 취득원가로 계상하고, 토지(용지)의 취득 후에 발생한 자본화할 금융비용은 토지(용지)가 제공된 건물 등(미완성주택 등)의 취득원가로 계상하여야 한다. 즉, 용지에 대한 자본화금융비용은 용지의 취득시점까지 발생한 금융비용으로 보는 것이 적절하다.

한편, K-IFRS 제1023호 문단 20에서는 적격자산에 대한 적극적인 개발활동을 중단한 기간에는 차입원가의 자본화를 중단하도록 하고 있다. 용지취득 후에 발생한 금융비용은 건물 등(미완성주택 등)의 취득원가로 자본화하여야 할 것이지만, 마곡건설(주)는 수익성이 불확실하여 공사착공을 2001년 하반기 이후로 미루고 있으므로 건설활동의 중단으로 보아 용지 취득 후부터 건설 활동 전에 발생한 금융비용은 당기비용으로 인식해야 한다.

사례 43 부동산 교환

질문 1 | 유진(주)의 구 영업점을 신 영업점으로 교환하는 경우 신 영업점의 취득원가는 어떻게 측정하는가?

해답 비화폐성자산간의 교환으로 유형자산을 취득하는 경우 유형자산의 원가는 교환거래에 상업적 실질이 결여되거나 취득한 자산과 제공한 자산 모두의 공정가치를 신뢰성 있게 측정할 수 없는 경우를 제외하고는 공정가치로 측정한다. 교환거래에 상업적 실질이 있는지를 결정하기 위해서는 교환거래의 결과 미래현금흐름이 얼마나 변동될 것인지를 고려해야 한다. K-IFRS 제1016호에서는 취득한 자산과 관련된 현금흐름의 구성(위험, 유출입시기, 금액)이 제공한 자산과 관련된 현금흐름의 구성과 다르거나 교환거래의 영향을 받는 영업 부분의 기업특유가치가 교환거래의 결과로 변동하고 이러한 변동으로 생기는 차이가 교환된 자산의 공정가치에 비하여 유의적이라면 교환거래는 상업적 실질이 있다고 결정한다.

유진(주)는 구 영업점과 신 영업점의 교환에 따른 신 영업점의 취득원가를 측정하기 위하여 교환거래에 상업적 실질이 있는지 고려하여야 한다. 상기 제시된 자료에 기초하면, 신 영업점과 관련한 현금흐름(위험, 유출입시기, 금액)의 구성이 구 영업점과 관련된 현금흐름의 구성과 달라 상업적 실질이 있다고 결정할 수 있을 것이다. 따라서 신 영업점의 취득원가는 공정가치로 측정한다.

질문 2 | 신 영업점의 공정가치는 어떻게 측정하는가? 그리고 이러한 공정가치 정보는 정보이용자에게 유용한가?

해답 취득한 자산이나 제공한 자산의 공정가치를 신뢰성 있게 측정할 수 있다면, 취득한 자산의 공정가치가 더 명백한 경우를 제외하고는 취득한 자산의 원가를 제공한 자산의 공정가치로 측정한다. 유진(주)의 교환거래에서 신 영업점의 경우 감정평가액이 존재하므로 제공한 자산인 구 영업점의 공정가치보다는 취득한 자산인 신 영업점의 공정가치가 보다 더 명백할 것이다. 따라서 유진(주)는 신 영업점의 공정가치를 감정평가액으로 측정할 수 있을 것이다.

자산의 공정가치 정보는 자산의 능력이 기업의 미래순현금흐름에 기여하는 미래의 결과를 판단할 때 정보의 예측가치를 강화할 수 있다. 따라서 신 영업점을 공정가치로 측정하는 것은 재무제표를 이용하여 의사결정을 하는 정보이용자들에게 목적적합한 정보를 제공할 것이므로 유용한 정보이다.

질문 3 | 신 영업점을 공정가치로 측정할 때 유진(주)의 경영진은 어떤 추정과 판단을 필요로 하는가?

해답 유진(주)의 경영진은 시장에서 자산의 가격을 산정할 때 사용하는 가정(위험과 관련된 가정을 포함)을 사용할지 고려할 필요가 있다. 이것은 신 영업점의 최고·최선의 사용에 대한 판단과 사용에 기초한 평가를 포함한다. 유진(주)의 신 영업점은 이미 감정평가액이 공개되어 있어 추정과 판단의 필요성이 크지 않을 것이다.

사례 44 출판단지 내 물류창고의 후속 측정(원가와 효익의 균형 고려)

질문 1 | 유형자산의 후속 측정으로 원가모형과 재평가모형 중 어느 모형이 보다 유용한 정보를 제공하는가?

해답 유형자산을 후속 측정할 때 재평가모형을 적용할 경우에는 보다 목적적합한 정보를 제공할 수 있는 반면, 원가모형의 경우 보다 충실하게 표현할 수 있다. 따라서 두 모형은 상충(trade-off)하는 관계에 있으므로, 경영자는 기업의 상황과 환경, 제반 사항을 종합적으로 고려하여 정보이용자에게 유용한 정보를 제공할 수 있는 최선의 방법을 선택해야 할 것이다.

질문 2 | 각 기업의 경영진이 물류창고의 후속 측정으로 원가모형 또는 재평가모형을 선택할 때 고려해야 할 사항은 무엇인가?

해답 각 기업의 경영진은 물류창고의 후속 측정방법을 선택할 때 원가와 효익의 균형을 고려할 필요가 있다. 재평가모형은 유형자산의 공정가치를 보여줌으로써 보다 목적적합한 정보를 제공한다는 효익이 있다. 그러나 재평가모형의 적용을 위해서는 적지 않은 원가가 소요된다. 재평가모형의 적용을 위해 공정가치를 신뢰성 있게 측정하기 위한 비용(예 : 감정평가비용), 지속적인 재평가에 따른 비용, 특정 유형자산뿐만 아니라 해당 자산이 포함되는 유형자산 분류 전체를 재평가해야 하는 비용 등이 있다. 또한, 재평가모형은 보고기간 말에 자산의 장부금액이 공정가치와 중요하게 차이가 나지 않도록 주기적으로 수행해야 한다. 따라서 기업은 지속적인 재평가로 인한 원가를 충분히 고려해야 한다.

다만, 본질적인 주관성 때문에 재무정보의 특정 항목 보고의 원가 및 효익에 대한 평가는 개인마다 다르고 보고기업마다 다를 수 있다. 따라서 원가와 효익의 균형에 대한 고려는 기업 규모의 차이, 자본조달방법(공모 또는 사모)의 차이, 정보이용자 요구의 차이, 그 밖의 다른 요인에 따라 다르게 하는 것이 적절할 수도 있다.

정보이용자에게 유용한 정보제공이라는 효익의 관점에서 원가모형과 재평가모형을 선택할 때 유의적으로 고려해야 할 사항은 주주구성과 대여자의 존재일 것이다. 〈시나리오 2〉의 여명(주)는 상장기업으로서 지배주주, 비지배주주, 채권자뿐만 아니라 잠재적 투자자 등과 같은 다양한 정보이용자가 있으므로 재평가모형의 사용을 통해 물류창고에 대한 공정가치 정보를 제공할 경우 정보이용자가 얻을 수 있는 효익은 상당히 크기 때문에 재평가모형의 사용으로 인한 원가 부담을 정당화할 수 있을 것이다. 그러나 〈시나리오 1〉의 호명(주)는 비상장기업으로서 1인 대주주만이 존재하므로 재평가모형의 사용에 따른 효익이 상대적으로 낮을 것이다.

사례 45 잠수함의 후속 측정

질문 1 | 우버(주)는 언제 잠수함의 감가상각을 시작하여야 하는가?

해답 K-IFRS 제1016호 문단 55에 따라 기업은 20X1년 3월 31일(잠수함이 경영진의 의도하는 방식으로 가동될 수 있는 상태에 이르는 날)부터 감가상각을 시작하여야 한다.

질문 2 | 4월에 잠수부를 훈련하면서 발생한 원가의 회계처리는 어떻게 하는가?

해답 잠수함은 20X1년 3월 31일에 가동할 수 있는 상태에 이르렀으므로 잠수함의 원가에 포함할 수 없으며, 잠수함 관광 수입을 위한 원가이므로 비용으로 인식한다.

질문 3 | 잠수함의 여러 구성요소(취득원가, 추가원가, 검사원가, 내부 비품 교체원가)를 단일 기준으로 감가상각해야 하는가? 별도로 감가상각해야 하는가?

해답 검사원가는 잠수함의 전체 원가와 비교하여 유의적(5천만원/11억원)이며, 내용연수(3년)도 다르고 잔존가치(0원)도 다르기 때문에 검사원가는 잠수함의 다른 구성요소와 구별하여 개별적으로 감가상각한다. 잠수함의 내부 비품 교체원가는 잠수함 원가와 비교하여 유의적이지 않아 별도로 구분하여 감가상각할 필요가 없다. 이 사례의 경우 내부 비품은 검사원가와 유사한 내용연수와 잔존가치를 가지므로 검사원가와 함께 감가상각하거나 발생시 당기 비용으로 인식할 수도 있을 것이다.

질문 4 | 잠수함의 잔존가치는 얼마인가?

해답 20X1년 3월 31일에 경영진은 잠수함이 이미 오래되어 내용연수 종료시점에 도달하였다는 가정하에 잠수함을 처분하여 받을 금액에서 추정 처분부대원가를 차감한 금액을 잠수함의 잔존가치로 추정해야 한다(K-IFRS 제1016호 문단 6 참조). 측정치는 경제적 내용연수의 종료시점에 잠수함의 매각으로 예상되는 금액 1억원과 다르다. 예상되는 마모나 손상의 효과 외에 잔존가치가 미래에 변동할 것이라는 예상은 감가상각대상금액에 영향을 주지 않는다(K-IFRS 제1016호의 결론도출근거 문단 BC29 참조).

질문 5 | 우버(주)는 잠수함 운행을 일시 중단한 기간 동안 잠수함의 감가상각을 중지해야 하는가?

해답 K-IFRS 제1016호 문단 55에 따르면 자산이 일시적인 운휴 상태일 때에는 기계장치의 감가상각을 중지하지 않는다.

질문 6 | 우버(주)는 언제 잠수함의 감가상각을 중단해야 하는가?

해답 K-IFRS 제1016호 문단 55에 따르면 감가상각은 K-IFRS 제1105호에 따라 자산이 매각예정자산으로 분류되는 날과 자산이 제거되는 날 중 이른 날이나 감가상각이 완전히 이루어질 때 중지한다. 이 사례에서는 기계장치가 제거되는 20X5년 12월 31일에 감가상각을 중지한다.

사례 46 회계변경 및 추정의 변경

질문 1 | 제1공장의 기계장치 및 설비는 정률법으로 제2공장의 기계장치 및 설비는 정액법으로 감가상각하는 것이 적절한가?

해답 유형자산의 감가상각방법은 자산의 미래 경제적 효익이 소비될 것으로 예상되는 형태를 반영(K-IFRS 제1016호 문단 61)해야 한다. 기계장치 및 설비라는 동종 분류에 해당하더라도 신규사업의 착수나 사업부문의 인수 등으로 독립된 새로운 사업부문이 창설되어 기존의 감가상각방법으로는 당해 업종의 특성을 반영할 수 없는 경우에는 기존의 감가상각방법과 다른 방법을 사용하는 것이 적절하다. 삼도반도체(주) 경영진은 제2공장의 기계장치 및 설비의 미래 경제적 효익이 어떻게 소비될 것인지를 예상하고 이를 가장 잘 반영할 수 있는 감가상각방법을 선택하여야 한다.

질문 2 | 제1공장의 기계장치 및 설비의 실질적 내구연수가 10년 이상임에도 감가상각시 내용연수를 6년으로 상각하는 것이 적절한가?

해답 유형자산의 내용연수는 적어도 매 회계연도 말에 재검토(K-IFRS 제1016호 문단 51)하여 적절히 반영(추정변경)해야 한다. 유형자산의 내용연수는 자산으로부터 기대되는 효용에 따라 결정된다. 유형자산은 기업의 자산관리정책에 따라 특정기간이 경과되거나 자산에 내재하는 미래 경제적 효익의 특정부분이 소비되면 처분할 수 있다. 이 경우 내용연수는 일반적 상황에서의 경제적 내용연수보다 짧을 수 있으므로 유사한 자산에 대한 기업의 경험에 비추어 해당 유형자산의 내용연수를 추정한다(K-IFRS 제

1016호 문단 51). 따라서 내용연수를 6년으로 보아 상각하는 것도 타당할 수 있다.

사례 47 손상

질문 1 | 공시지가의 지속적인 하락이 토지의 자산손상을 시사하는 징후에 해당하는가?

해답 토지의 공시지가가 지속적으로 하락한다는 사실은 토지의 시장가치가 토지의 정상적인 사용에 따라 하락할 것으로 기대되는 수준보다 유의적으로 더 하락하였다는 관측가능한 징후(K-IFRS 제1036호 '손상차손' 문단 12)로 보는 것이 적절할 것이다.

질문 2 | 토지의 자산손상을 시사하는 징후가 확인되었다면 손상을 인식해야 하는가?

해답 손상을 시사하는 관측가능한 징후가 확인되었다면 선진산업(주)는 토지의 회수가능액을 추정하고 장부금액과 비교하여 손상검사를 한다. 회수가능액은 토지의 사용가치와 처분부대원가를 차감한 공정가치 중 큰 금액으로 측정한다. 회수가능액을 측정할 때 항상 처분부대원가를 차감한 공정가치와 사용가치 모두를 추정할 필요는 없다. 처분부대원가를 차감한 공정가치나 사용가치 중 하나의 금액이 장부금액을 초과한다면 자산이 손상되지 않았으므로 다른 금액을 추정할 필요가 없다. 측정된 회수가능액이 장부금액보다 낮다면 선진산업(주)는 그 차이를 손상차손으로 인식해야 할 것이다.

사례 48 매각예정 건물[7)]

질문 1 | 원인터내셔널(주)는 본사 건물에 대한 감가상각을 언제 중단하는가?

해답 건물이 매각예정자산이 되는 20X5년 12월 31일부터 처분 전까지 몇 개

7) Example 32, Stage 2-Property, plant and equipment with other non-financial assets, K-IFRS Foundation: Framework-based K-IFRS Teaching Material

월간 매각할 자산을 운영하는 것은 판매를 통한 장부금액의 회수에 부수적인 활동이다. 따라서 건물이 매각예정자산으로 분류되는 20X5년 12월 31일부터 감가상각을 중단한다.

질문 2 | 원인터내셔널(주)는 20X5년 12월 31일로 종료되는 회계연도의 재무제표에 본사 건물을 어떻게 표시할 것인가?

해답 20X5년 12월 31일에 건물은 유형자산(비유동자산)에서 매각예정비유동자산으로 재분류하고 유동자산으로 표시한다.

질문 3 | 원인터내셔널(주)는 매각예정비유동자산으로 분류된 본사 건물을 어떻게 측정해야 하는가?

해답 매각예정비유동자산은 K-IFRS 제1105호에 따라 순공정가치(장부금액과 처분부대원가를 차감한 공정가치 중 낮은 금액)로 측정해야 한다. 따라서 원인터내셔널(주)는 본사 건물을 순공정가치로 측정하여야 한다. 때로는 (이 사례에는 해당하지 아니함) 손상차손이 당기손익으로 인식될 수 있다 (장부금액이 처분부대원가를 차감한 공정가치를 초과할 때). 이것은 유형자산의 손상원칙과 일치한다.

질문 4 | 20X6년 2월 2일 매각예정비유동자산의 매각으로 생긴 손익은 얼마이며, 어떻게 회계처리해야 하는가?

해답 20X6년 2월 2일에 원인터내셔널(주)는 자산의 처분에서 발생한 이익 150,000원(=처분부대원가를 차감한 공정가치 2,850,000원−장부금액 2,700,000원)을 당기손익으로 인식해야 한다(20X5년 12월 31일에 이미 순공정가치인 2,700,000원으로 평가되었을 것임).

사례 49 매각예정 제조설비

질문 | 삼우전자(주)는 이사회에서 매각하기로 결정한 컴퓨터 제조설비를 매각예정으로 분류할 수 있는가?

해답 미완성 주문 잔량은 제조설비의 매각시기에 영향을 미치지 아니한다.

K-IFRS 제1105호 문단 7의 기준(현재의 상태에서 통상적이고 관습적인 거래조건만으로 즉시 매각가능)은 계획확약일에 충족될 것이다. 따라서 매각계획을 이행하기 위한 적극적인 업무진행을 이미 시작하고 1년 이내에 매각완료조건이 충족될 것이라고 예상한다면, 컴퓨터 제조설비자산을 유형자산에서 제거하고 매각예정비유동자산으로 분류한다.

사례 50 매각예정 공장 토지 1

질문 | 율포정유(주)는 이사회에서 매각하기로 확정한 토지를 유형자산에서 제거하고 매각예정으로 분류할 수 있는가?

해답 매각자가 자산의 양도를 지연시키고 있다는 것은 자산을 즉시 매각할 수 없음을 의미한다. K-IFRS 제1105호 문단 7의 기준(현재의 상태에서 통상적이고 관습적인 거래조건만으로 즉시 매각가능)은 수리가 완료되어야 충족될 것이다. 따라서 율포정유(주)는 공장설비를 완전히 제거할 때까지 해당 토지를 유형자산으로 분류한다.

사례 51 매각예정 공장 토지 2

질문 | 율포정유(주)는 이사회에서 매각하기로 확정한 토지를 유형자산에서 제거하고 매각예정으로 분류할 수 있는가?

해답 자산을 매각하려고 하지만 복구가 완료되기 전에 매수자에게 자산을 양도할 수 없다. 확정구매계약이 체결되기 전에 제3자에 의하여 양도시기가 지연되는 것은 해당 자산을 즉시 매각할 수 없음을 의미한다. K-IFRS 제1105호 문단 7의 기준(현재의 상태에서 통상적이고 관습적인 거래조건만으로 즉시 매각가능)은 여전히 충족되지 않고 있으므로, 해당 자산은 K-IFRS 제1105호 문단 26에 따라서 사용목적 보유자산(유형자산)으로 분류한다.

사례 52 폐기[8)]

질문 | 20X5년 12월 31일로 종료되는 회계연도에 카튼(주)의 재무제표에서 면직공장의 손익과 현금흐름은 계속영업으로 보고되는가 아니면 중단영업으로 보고되는가?

해답 K-IFRS 제1105호에 따르면 20X5년의 면직공장은 중단영업의 정의를 충족하지 않는다(면직공장은 매각되었거나 매각목적으로 보유하지 않음). 공장 폐쇄결정의 경제적 실질에 맞게 20X5년 12월 31일(회계연도 말)에 K-IFRS 제1036호에 따라 기업은 면직공장의 손상검사를 수행해야 할 것이다. 면직공장의 잔존 장부금액은 판매가 아니라 주로 자산의 계속 사용을 통해 회수될 것이기 때문에 기업은 공장이 폐쇄될 때까지 공장의 감가상각과 손상검사를 계속한다.

사례 53 유형자산 항목의 일부에 대한 대체원가 제거

질문 | 하이반도체(주)는 레이저 마킹 장비의 컨트롤러를 교체하기 위하여 발생한 원가와 손상되어 대체된 부분의 제거에 대해 어떻게 회계처리해야 하는가?

해답 유형자산의 인식기준을 모두 충족(K-IFRS 제1016호 문단 7)하여 유형자산 항목의 일부에 대한 대체원가를 자산의 장부금액으로 인식하는 경우, 대체되는 부분이 별도로 분리되어 상각되었는지 여부와 관계없이 대체된 부분의 장부금액은 제거한다. 대체된 부분의 장부금액을 결정하는 것이 실무적으로 불가능한 경우에는, 대체된 부분을 취득하거나 건설한 시점의 원가를 추정하기 위한 지표로 그 대체원가를 사용할 수도 있다.

하이반도체(주)는 레이저 마킹 장비의 컨트롤러가 손상되어 이를 교체하였으며, 교체에 소요된 원가 4천만원은 대체원가에 해당한다. 이 금액은 대체시점에 레이저 마킹 장비의 장부금액에 가산될 것이다. 또한, 대체시점에 손상되어 대체된 부분의 장부금액을 제거해야 하는데, 대체된 기존 컨트롤러의 장부금액을 결정하는 것은 실무상 불가능하므로 이를 추정하기 위해 발생한 대체원가를 추정 지표로 사용한다. 대체원가 4천만

---

8) Example 33, Stage 2-Property, plant and equipment with other non-financial assets, K-IFRS Foundation: Framework-based K-IFRS Teaching Material

원은 현재 레이저 마킹 장비 총가치의 20%를 차지하므로, 대체된 기존 컨트롤러의 취득시점 원가를 레이저 마킹 장비가 과거 구입된 시점의 원가 1억 5천만원의 20%인 3천만원으로 추정한다. 따라서 대체시점에 레이저 마킹 장비 3천만원을 제거하고 동 금액을 대체손실로 인식해야 할 것이다.

사례 54 유형자산의 공시

질문 | 제이콥호텔(주)가 해당 특급호텔과 관련하여 공시해야 할 사항은 무엇인가?

해답 제이콥호텔(주)가 크린용역(주)와 맺은 관리계약은 단순히 일상적인 기능(예 : 청소용역, 주차장 관리)에 대한 것이고, 제이콥호텔(주)가 고객관리, 예약망, 판촉 프로그램 사용 등의 호텔과 관련한 주요 관리 용역을 수행하며 호텔운영에서 발생하는 현금흐름 변동 위험에 유의적으로 노출된 경우라면 호텔건물은 호텔업이라는 용역을 제공하기 위해 사용되므로 유형자산으로 분류한다.

회계정책을 적용하는 과정에서 추정에 관련된 공시와는 별도로, 재무제표에 인식되는 금액에 유의적인 영향을 미친 경영진이 내린 판단은 유의적인 회계정책의 요약 또는 기타 주석 사항으로 공시해야 한다(K-IFRS 제1001호 문단 122). 따라서 제이콥호텔(주)는 해당 특급호텔이 투자부동산인지 유형자산인지를 결정할 때 고려한 유의적인 판단 사항을 주석으로 공시할 필요가 있다. 이 외에도 일반적인 유형자산과 관련한 공시 규정은 K-IFRS 제1016호 문단 73~79를 참고한다.

사례 55 수익(총액 표시) 또는 이익(순액 표시)[9)]

질문 | 엘사레저(주)는 중고 자전거의 처분을 어떻게 표시해야 하는가?

해답 엘사레저(주)는 정상적인 영업과정에서 임대목적으로 보유한 중고 자전

9) Example 34, Stage 2-Property, plant and equipment with other non-financial assets, K-IFRS Foundation: Framework-based K-IFRS Teaching Material

거(유형자산)를 일상적으로 판매한다. 따라서 K-IFRS 제1016호 문단 68A에 따라 기업은 임대가 중단되고 판매하기 위해 보유하게 되는 시점에 그러한 자전거의 장부금액을 재고자산으로 재분류해야 한다. K-IFRS 제1018호 '수익'에 따라 중고 자전거 판매 대가는 판매시점에 수익으로 인식해야 한다. IASB는 자산의 판매로 인한 손익을 순액 표시하지 않고 판매수익으로 보아 총액으로 표시하게 되면 이러한 기업의 정상적인 활동을 더 잘 반영한다고 본다(K-IFRS 제1016호 결론도출근거 문단 BC35C 참조). 이는 이러한 자산의 판매수익이 비슷한 금액으로 반복하여 발생할 가능성이 높기 때문이다. 따라서 재무제표 이용자들은 기업의 과거 실적을 평가하고 미래현금흐름을 예상할 때 위에서 설명한 수익(정상적인 영업과정에서 재화의 판매 대가)을 '일회성 거래'나 '비정기적인 자산의 처분(유형자산의 처분)'과는 다르다고 여길 것이다.

사례 56 소분류 원칙(유형자산의 분류)[10]

질문 1 | 건물이 없는 토지는 건물이 있는 토지와 별도로 분류해야 하는가?

해답 토지를 건물과 별도로 분리하여 분류할지를 결정할 때 사업 내에서 자산의 특성과 용도를 고려해야 한다. 빈 토지와 건물이 세워진 토지는 특성이 비슷하지 않다. 따라서 이들은 다른 분류의 유형자산이다.

질문 2 | 매립지로 사용하는 토지는 빈 토지와 별도로 분류해야 하는가?

해답 매립지는 빈 토지와는 다른 목적으로 사용하기 때문에 빈 토지와는 유형자산의 분류가 다르다.

질문 3 | 기업의 소매점은 그 특성과 용도가 사무실 건물과 충분히 다른 경우 별도의 토지와 건물로 분류해야 하는가?

해답 이 경우에는 판단이 필요할 것이다. 모든 건물은 전반적으로 기업의 동일한 사업목적에 기여한다고 할 수 있다. 그러나 그것이 사용되는 방식

10) Example 35, Stage 2-Property, plant and equipment with other non-financial assets, K-IFRS Foundation: Framework-based K-IFRS Teaching Material

은 각각 다르며, 따라서 다른 유형의 유형자산으로 표시해야 한다고 주장할 수도 있다. 서로 다른 유형의 건물들의 중요성(그리고 기업의 토지와 건물의 총장부금액과 비교하여 소매건물과 사무실 건물 장부금액의 중요성)은 경영진이 건물들을 별도의 토지와 건물로 분류해야 하는지에 관한 지표로 쓸 수 있을 것이다.

질문 4 | 컴퓨터 장비는 조직 내에서 통합되기 때문에 하나의 별도 자산 분류로 분류해야 하는가?

해답 컴퓨터 장비들은 비슷한 목적으로 사용되고 그 특성도 비슷하기 때문에 하나의 유형자산 분류의 일부로 표시될 가능성이 높다. 질문 3의 토론 내용과 비슷하게, 경영진은 판단을 하여 다른 분류(별도의 분류)가 필요한지를 결정할 장비의 중요성을 판단할 필요가 있다. 중요성(주된 사용자가 재무제표 정보를 기초로 한 결정에 영향을 미칠 수 있는)은 분류를 판단하는 데 중요한 고려요소이다. 조직 내에서 장비가 통합(예 : 기업의 컴퓨터들이 조직 내에서 모두 연결가능함)된다고 해서 그 자체로 이러한 모든 컴퓨터 장비를 하나의 유형자산 분류라고 해서는 안 된다.

참고자료

Abell, D. 1997. What makes a good case? ECCHO-The Newsletter of the European Case Clearing House 17(1): 4-7.

Andersen, E., and B. Schiano. 2014. Teaching with cases: A practical guide. Boston, Massachusetts: Harvard Business School Publishing.

Buciuniene, I. 2012. Teaching with cases: What makes the teaching-learning process efficient? In: Amerman et al.(eds) The case study method in business education. Bogucki.

Dhar, U., and S. Dhar. 2007. Case Method in Management Education Training. Excel Books.

Hodgdon, C., S. B. Hughes, and D. L. Street. 2011. Framework-based Teaching of IFRS Judgements. Accounting Education: an international journal 20(4): 415-439.

IFRS. 2014. Introduction to a Framework-based teaching approach to accounting for property, plant and equipment and other non-financial assets. IFRS Foundation.

Jackson, G. 2011. Rethinking the Case Method. Journal of Management Policy & Practice 12(5): 142-164.

Lima, M. 2003. Potencial de suporte cognitivo das technologias interativas de comunicacao: Desenvolvimento de uma interface hipertextual dinamica para Analise Organizacional Baseada em Estudos de Casos. PhD Thesis. FACOM / UFBA.

Lima, M., and T. Fabiani. 2014. Teaching with cases: A framework-based approach for business teachers. Lima & Fabiani.

Naumes, W., and M. Naumes. 2012. The Art & Craft of Case Writing. 3rd Edition, Armonk, New York: M. E. Sharpe.

Schipper, K. 2003. Principles-based accounting standards. Accounting Horizons 17(1): 61-72.

SEC. 2008. Final Report of the Advisory Committee on Improvements to Financial Reporting to the United States. Securities and Exchange Commission.

Skudiene, V. 2012. Case method education. In: Amerman et al.(eds) The case study method in business education. Bogucki.

Wells, M. J. C. 2010. A framework-based approach to teaching of IFRSs. IFRS Foundation.

Wells, M. J. C. 2011. Framework-based approach to teaching principle-based accounting standards. Accounting Education: an international journal 20(4): 303-316.

재무보고를 위한 개념체계. 2011. 한국회계기준원 회계기준위원회.

IASB 공개초안 '재무보고를 위한 개념체계' 검토의견. 2015. 한국회계기준원 회계기준위원회.

한국회계기준원 FBT 교육전문위원회 집필진

위원장 송인만 교수(성균관대)

위 원 이재은 교수(홍익대)

전영순 교수(중앙대)

한종수 교수(이화여대)

오기원 전무(삼일회계법인)

최현덕 팀장(한국회계기준원)

이웅희 책임연구원(한국회계기준원)

원칙중심 K-IFRS 교육: 개념체계 기반 접근법

2015년 12월 10일 제1판 1쇄 인쇄
2015년 12월 15일 제1판 1쇄 발행

저 자 한국회계기준원
발 행 인 권 영 섭
발 행 처 (주)신 영 사
경기도 파주시 심학산로 12(서패동)
등 록 : 1988. 5. 2 / 제406-1988-000020호
전 화 : 031-946-2894(代)
F A X : 031-946-0799
e-mail : sys28945@naver.com

저자와의 협의하에 인지생략

정가 18,000원

ISBN 978-89-5501-545-4